JN093822

英語
最後の
学習法

英字新聞編集長が明かす
確実に効果の出るメソッド

the japan times
alpha
編集長
高橋敏之
著

Toshiyuki
Takahashi

🚪the japan times出版

はじめに

「英語って、結局、何をしたらいいの?」

こんな疑問を持っている人は、非常に多いと思います。僕は『The Japan Times Alpha』という学習者向けの英字新聞の編集長をしていて、その傍ら、英語学習法についての講演会やセミナーも多数実施しています。そのため、学習者の方々からこうした質問を寄せられることが多いのですが、残念ながらほとんどの人は、答えを見つけられずにいます。どうすれば英語ができるようになるのか、そのために必要なことは何かという明確なノウハウを知りません。その結果、やみくもに学習を進めてしまうために英語力があまり伸びず、挫折してしまうという悪循環に陥っているケースが多々あります。

僕がこの本を書こうと思った動機は、まさにこうした状況を変えたかったからです。読み進めれば、学習者の悩みである「何をしたらいいか」が分かるようになるはずです。

本書を手に取った皆さんは、「英語を身につけたい」という目標をお持ちの方だと思いますが、その目標を達成するためには条件があります。それは、ゴールまでの道筋がはっきり見えているかどうか。具体的には、英語習得というゴールに至るために必要なスキルは何か、それぞれをどう伸ばしていけばよいのか。そうした英語学習の全体像を頭の中でしっかり描く必要があります。この道筋が見えている人は強いですよ。無駄な努力をせずにゴールまで最短距離を進んでいくことができるし、自分の学習法に自信が持てるため、途中で挫折することもありません。いわば、目的地までの「地図」を手に入れた状態です。

本書を読めば、英語習得に必要なことが一通り分かるようになっています。その結果、次のような疑問・悩みの解決法も見えてきますよ。

- 単語や英語表現を頭に入れてもすぐに忘れてしまう。しっかり定着させるにはどうしたらいい？
- 言いたいことが英語にできない。話すとき、頭の中で英作文してしまい、スムーズに発話できない。
- 英語が聞き取れない。何となく単語は聞こえてくるが、英文の意味が分からない。

　さて、本書には「最後の学習法」というタイトルがついています。この「最後」には、いろいろ試して効果のなかった人も、英語をあきらめる前に、最後に本書に書かれた学習法を試してほしい。そういった思いが込められています（もう一つ意味があるのですが、それは「あとがき」でお話しします）。なるべく皆さんがストレスなく読めるように、僕が普段行っているセミナーを紙上でそのまま再現するという意識で書きました。エクササイズもたくさんご用意しましたので、セミナーを受講するつもりで取り組んでください。

　僕自身も、ほぼ国内で、ほぼ独学で、いろいろ工夫しながら英語を身につけてきました。本書を通じてそうしたノウハウを皆さんと共有することで、一人でも英語で悩む人がいなくなることを願ってやみません。

Contents

Chapter 1 | 英語学習を「正しく」理解する

Chapter 2 | 英語の「理解力」を鍛え上げる

Chapter 6 | 「文法」が英語習得をスピードアップ

Chapter 7 | ボキャブラリーの「正しい」増やし方

Chapter 8 | モチベーションを維持するには

カバーデザイン	小口翔平＋三沢 稜 (tobufune)
本文デザイン・DTP 組版	清水裕久 (pesco paint)
イラスト	平澤 南
ナレーション	Rachel Walzer
録音・編集	ELEC 録音スタジオ
音声収録時間	約 10 分

音声のご利用案内

本書の音声は、スマートフォンやタブレットを通じて MP3 形式でダウンロードし、ご利用いただくことができます。

 1 ジャパンタイムズ出版の音声アプリ「OTO Navi」をインストール

2 OTO Navi で本書を検索

3 OTO Navi で音声をダウンロードし、再生

3 秒早送り・早戻し、繰り返し再生などの便利機能つき。学習にお役立てください。

Chapter

英語学習を「正しく」理解する

英語学習に対して間違った認識を持っていたら、
そもそも進む方向を誤ってしまいます。
英語の学習とはどのように進めるべきものなのか、
まずはこれについて正しく理解することから始めましょう。

英語学習を「正しく」理解する

英語を身につけるには、まず何をしたらいいの？

　本書をお読みの皆さんは「英語を身につけたい」という目標をお持ちだと思います。ここで**やってはいけないのは、目標達成のために何が必要かを理解しないまま走り出してしまうこと**。例えば、以前ある女性とこんな話をしたことがあります。

> 女性：私、最近シャドーイング*をしているんですよ。
> 僕：ほう、いいですね。なぜやろうと思ったのですか？
> 女性：えっ？　なぜと言われても……、誰かが良いって言っていたし。これをやれば英語が身につくかと思って……。

　彼女に限らず、「なぜその活動をしているの？」と聞かれて、はっきり答えられないという人は結構多いのではないでしょうか。ここに、日本人の英語学習の問題点が隠されています。**学習が戦略的ではなく、行き当たりばったりであることが多いのです。**

　本来、何かの目標を達成しようと思ったら、そのためには何が必要かという**目標達成までの全体像を描くことが不可欠のはず**。例えば、高校野球の監督を例に取ってみましょう。図のように、勝てるチームを作るという目標達成のために必要なことを決め、それを具体的な練習メニューに落とし込んでいきますよね。

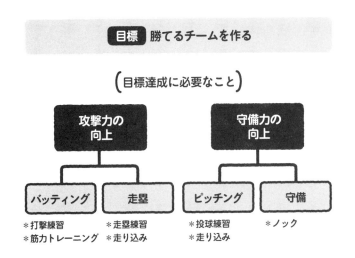

目標 勝てるチームを作る

(目標達成に必要なこと)

攻撃力の
向上

守備力の
向上

バッティング

走塁

ピッチング

守備

＊打撃練習
＊筋力トレーニング

＊走塁練習
＊走り込み

＊投球練習
＊走り込み

＊ノック

　英語学習も同じです。まずは目標達成のために何が必要かという全体像を描くことから始めます。そのうえで、それぞれの活動（学習）が目標に達するためにどのように位置づけられるのかという「ロードマップ」がなければいけません。

　本書を読めば、そうした全体像をしっかり理解できるようになっていきます。全体像が見えれば無駄のない努力ができるようになり、結果として目標まで最短距離で走っていけるのです。

　というわけで、**英語を身につけるには「ゴールまでの全体像」をしっかり描く。これが最初にすべきことです。**

＊流れてくる英語の音を、少し遅れてそっくりそのまま自分でも発話すること。

ここで、次のエクササイズをしてみましょう。

普段自分がやっている英語学習の活動を書き出し、
「なぜ」それをしているのかを考えてみよう。

　いかがですか？　なぜその学習をしているのか、何をすれば英語
が身につくのかというゴールまでの道筋が見えていますか？　何事
も、適当に進めていては適当な結果しか出ません。英語力とはス
ピーキング、リスニング、文法、ボキャブラリーなど、さまざまなス
キルの集合体です。それぞれをどう伸ばしていけば最終的に英語
が身につくのかという全体像が見えていないと、ゴールに到達す
ることはできないのです。本書を読んで、英語習得という目標達成
に必要なノウハウを身につけ、戦略的に学習を進めましょう。

Q2
英語ができるって どういうこと？

　英語学習には、ゴールに至るまでのしっかりとしたロードマップが必要だということをお話ししました。これがあれば、自分が普段やっている学習や練習の「理由」を聞かれても、しっかり答えが出せるはずですね。

　さて、ロードマップを描こうと思ったら、まずは目標設定から始める必要があります。英語学習のゴールは単純に言えば「英語ができるようになること」ですが、これでは漠然としています。もっと明確な目標を立てましょう。皆さんが目指すゴールやレベルは千差万別だと思いますが、本書では最大公約数的に、「英語でしっかりとコミュニケーションが取れるレベルに到達する」ことを目標として設定します（これができれば、英語でたいていのことはできますから）。

　ただ、「英語でしっかりとコミュニケーションが取れる」だけでは、まだ曖昧です。もう少し細かく見ていきましょう。コミュニケーションとは、「相手の英語を理解する理解力」と「自分の言いたいことを英語で伝えることができる表現力」に大別できます。

加えて、実際のコミュニケーションの場では会話の流れを止めないように、この「理解する」「伝える」を素早くこなさなければいけません。

　つまり、「英語でしっかりとコミュニケーションが取れる」とは、こういうことです。

英語でしっかりとコミュニケーションが取れる

↙　　　　　　　　　↘

相手の発話した英語を　　　自分の言いたいことを
聞き取って素早く理解する　素早く英語で表現できる

　今まで漠然と「英語ができるようになりたい」と考えていたかもしれませんが、「英語ができる」とは、こうした状態のことなのです。

　ゴールが決まれば、あとはそこに達するためにどんな学習・練習が必要かを具体的に考えればよいだけです。これについては、このあと、じっくり説明していきましょう。特に「理解」の部分については Chapter 2 で、「表現」の部分は Chapter 3 〜 5 でお話しします。両者に関わるそのほかの重要なことについては、Chapter 6 以降でお伝えしましょう。

　なお、「ゴール」に達したからといって、そこで英語から離れてしまったら力が落ちていくだけです。自分の納得するレベルに到達したとしても、それを維持するために、引き続き学習や練習を続ける必要があるということも覚えておいてください。

それでは、「自分の言いたいことを素早く英語で表現する」ということに関して、以下のエクササイズをやってみましょう。

Chapter 1

Chapter 2

Chapter 3

Chapter 4

Exercise   🔊 audio 1

日本語で書かれた B の発言を「2 秒以内に」英語にしよう。

1 A: What's the matter with you?
　　B: 何でもないって。放っておいてくれ。

2 A: I can't find my wallet anywhere.
　　B: きっとレストランに置き忘れてきたんだよ。

いかがですか？ ①「一体どうしたんだよ？」、②「財布がどこにも見当たらないぞ」に対する答えを、すぐに英語にできましたか？

それぞれ① Nothing. (Just) leave me alone. ② You must have left it in the restaurant. のように表現することができます。nothing は「何でもない」ということを伝えるときに使えるし、leave には「(leave 〜 alone の形で) 〜を放っておく」や「〜を置き忘れる」という意味があります。また、「きっと〜したに違いない」は〈must have ＋過去分詞〉の形で表現します。

これらについて、「じっくり考えれば英語にできたかもしれない」という人がいるかもしれませんが、もちろん会話ではじっくり考える時間なんてありません。遅くても 2 秒以内に発話しないと流れが止まってしまいます。ここで挙げた nothing、leave、must などの用法は、ただ知っているだけでなく、自分でもきちんと使いこなせなければなりません (詳しくは Chapter 6、7 でお伝えします)。単語や文法の運用能力を高めて、素早い発話につなげていきましょう。

Q3

なぜ英語ができるように ならないの？ その①

　そもそも「英語でコミュニケーションが取れる」とはどのような状態なのかを説明しましたが、この状態に到達している日本人は少ないのではないでしょうか。なぜ英語ができるようにならないのか？ この理由を考えてみると、今後の英語学習の大きなヒントになります。

　まず挙げられるのは、英語学習に対する意識の低さ、認識の甘さです。言い換えると、**1つの外国語に精通することがどれだけ大変かを理解していない**ということ。特に日本人にとって英語は、文字も文法も音声も大きく異なる言語です。これをモノにしようと思ったら、一般の日本人が考えている以上の努力が要求されるのです。

　さて、僕のように英語教育業界に身を置く者は、対象となる学習者の意識レベルを次の5段階に分けることがあります。ご自分がどのレベルに当たるのかを考えてみてください。

意識レベル 1 興味もやる気もなし

会社からTOEIC®受験を求められて、嫌々学習するようなタイプ。

意識レベル 2 やる気はそれほどないものの、少し興味はある

無料の英語学習アプリを入れて気が向いたときに使ってみたりはするものの、お金を使って教材を購入することはない。

意識レベル 3 少しはやる気がある

実際にお金を使って教材を購入することもある。

意識レベル 4 3 よりもやる気のレベルが高い

リスニングはこの教材、ボキャブラリーはこの教材、スピーキングは英会話学校へなど、複数の教材・サービスを使い分けている。

意識レベル 5 英語マニア

三度の飯より英語が好きで、英語学習そのものが趣味というタイプ。

いかがですか? はっきり言いましょう。このうち**英語が身につくのは「レベル 4 以上」**です。皆さんも薄々お気づきかと思いますが、日本人が日本語の環境で生活しながら、ときどき英語の教材やアプリを開いてみる……、これではほぼ何の効果もありません。英語を身につけたというレベルに達するには、マニアになる必要はないものの、レベル 4 以上の意識が必要なのだと覚悟を決めましょう。

なぜ英語ができるように
ならないの？②

　英語が身につかない大きな要因は、「意識の低さ」だけでなく、**「量・経験の不足」** にもあります。もちろん、意識が低いから練習量も少なくなるという具合に、両者の間には因果関係もあります。ここで質問です。英語を身につけるのに必要な練習量（「英語に触れる＋英語を使う量」と考えてください）を仮に「100」として、一般的な日本人が今までこなしてきた量はどれくらいだと思いますか？

　30や40あたりを思い浮かべた方が多いかもしれませんが、僕の見立てでは、もっと低い。**「せいぜい2くらい」** です。2という数字は僕の主観ではありますが、大体そのくらいだと思って間違いありません。

　「うそだろ？　中学高校と6年間も英語をやってきたんだぞ」と思われた方もいるかもしれませんね。残念ながら、それらをすべて加味しても2ぐらいです。これは、英語を身につけた人と、一般的な日本人がこなしている英語の練習量を比べれば、一目瞭然です。

　というわけで、練習量が不足しているせいで英語ができるようになっていない。まずはこの認識を持つことが大切です。

量の不足は、そのまま**「経験の不足」**と言い換えることができます。両者は似ていますが、「量の不足」をもう少し具体的に言ったものが「経験の不足」だと捉えておいてください。

　英語を身につけるには、さまざまな「経験」が不可欠です。詳しくはこれ以降の Chapter で説明しますが、知っている表現を駆使したり、自分で文を組み立てたりしながら何とか意思を伝える経験。大量の英文に触れて、その意味を一つひとつ理解する経験。学んだ文法事項や単語が実際に使われている場面を観察する経験、などなど。こうした経験を積み重ねて、初めて英語ができるようになるのです。

　帰国子女（もちろん英語圏からの）はなぜ英語ができるか分かりますか？「英語圏で育ったから」ですが、もう少し詳しく言うと「英語圏で生活を送る過程で、先に挙げたような経験を積む機会が豊富にあったから」です。こう考えると、いかに量・経験が大切か、お分かりいただけると思います。

　量・経験の不足が原因で英語ができないということは、逆に考えれば、**「量をこなしたり経験を積んだりすれば、英語はできるようになる」**ということ。細かいことはあとでお話しするとして、まずはこの認識をしっかり持つようにしましょう。

なぜ英語ができるように ならないの？③

　「量の不足」の話が出たところで、これに関連する話題をもう一つ取り上げましょう。僕が個人的に気になっていることでもあるのですが、英語学習業界には、「英語学習は楽しくなければいけない」という風潮がはびこり過ぎているように感じます。

　もちろん、楽しく学ぶということ自体は素晴らしいし、それは否定しません。特に初めて外国語に触れる子供が英語嫌いにならないように、まずは楽しさを伝えるというのも必要でしょう。しかし、この「楽しくなければいけない」が面倒なことを避けるための逃げ道になり、結果として練習量が不足してしまっているケースが多々あるように思われます。

　英語を身につけようと思ったら、文法の学習や地味な反復練習は避けて通れません。「英語の学習とは楽しいものだ」という先入観がある人は、こうした地味な活動を積極的にやろうとしない傾向があります。その結果、伸び悩んでしまうのです。

　語学学習の真の楽しさは、学ぶことで理解できること・表現できることが増え、それによって世界が広がっていくことにあるはずです。しかしながら、そこに至る過程の勉強・練習までもがすべて

楽しくなければならないというのは、いくら何でも無理な話です。

　ところで、英語へのアプローチの仕方は大きく分けて2つあって、1つは英語をモノにするための「上達コース」。もう1つは、英語で楽しめればよいという「レクリエーションコース」です。

　「楽しく英語に触れられればよい。上達は特に望まない」という人であれば、後者でも構いません。ですが、上達を望みながら、やっている学習内容が明らかに「レクリエーションコース」という人が多いように見受けられます。例えるなら、リゾートホテルのプールでバチャバチャ水遊びしながら、いつかはしっかり泳げるようになることを夢見るようなもの。「楽しくなければならない」という風潮が両者を混同させているのかもしれませんが、本気で上達したいなら「上達コース」を進まなければならないということを、肝に銘じてください。

　楽器も、アマチュアが遊び半分で適当に演奏しているうちは楽しいけれど、本格的に弾けるようになろうと思ったら厳しい練習が待っています。でもそれを乗り越えて、実際にいろいろな曲を演奏できるレベルになれば、初めてその楽器の本当の楽しさが分かるもの。英語もそれと同じだと考えておきましょう。

　p. 027でお伝えする通り「英語で楽しむ」のは必要ですが、それは決して「楽しくないことはやるべきではない」という意味ではありません。楽しくない練習を避けて通るのではなく、そうしたことも楽しみながら進めていくのが大事なのです。

Q6
本当は楽して身につく方法が あるんじゃないの?

　Chapter 1 では英語学習というものを正しく理解することを目的に話を進めていますが、この正しい理解を妨げるものとして、英語に対する世間の誤った認識があります。例えば「楽して身につく方法があるはず」というもの。こうしたものに惑わされず、正確な認識を持つことが大切です。

　そもそも、なぜ世間に誤った認識が広まってしまうのでしょうか? それには、英語教材の広告が深く関わっていると僕は考えています。皆さんもご覧になったことがあるかと思いますが、「〇〇するだけで英語が話せるようになる」のように、シンプル・手軽・苦労なしを売りにするような宣伝文句の教材って、たくさんありますよね。こうした宣伝に日々触れていると、「英語なんて、実は簡単に身につくのではないか」「今までのやり方が間違っていただけで、本当はもっと楽に身につく方法があるのではないか」などと考える人が増えてしまうのです。

　ただし、ここまでお伝えしてきたように、日本人の英語力が伸びないのは、あくまで量や経験の不足が原因であって、「今までのやり方が違っていた」という方向性の問題ではないのです。それにも

かかわらず、なぜこうした宣伝文句の教材が次々と現れてくるのでしょうか？

　それは一言で言えば、**英語学習に対する意識レベルが低い人を釣るため**です。レベル2（p.019参照）以下の人は基本的に教材にお金を使わないのですが、世の中全体に占める英語に興味のある「パイ」自体は大きいから、「何とかこの層を取り込みたい」と教材会社は考えます。こうした人たちは時間も手間も掛けたくないと考えているため、彼らにアピールしようと思ったら、必然的に「〇〇するだけでよい、まったく新しいメソッド」のようなコピーが出てくるというわけです。

　こうした「〇〇するだけ」のような過度な単純化は危険です。英語の習得には幅広いスキルを伸ばさなければならず、当然ながら、そのための活動の種類も多岐にわたります。「これだけやれば必要なスキルをすべて伸ばせる」といった万能な方法など存在しません。

　もう一度言います。世間にどんな風潮が広がろうとも、本気で英語を身につけようと思ったら、学習の正しい方向性を見極めることが大切なのです。

毎日1時間勉強、これって正しい?

「毎日欠かさず勉強時間を1時間確保し、その時間に集中して学習をする」。ひょっとしたら、英語学習をこんなイメージで捉えている人がいるかもしれませんね。もちろんこれ自体は素晴らしいことなのですが、1つ問題があります。それは、残りの23時間は何もしていないということ。つまり、その1時間が終わったら、1日の中の「英語タイム」も終わってしまうということが問題なのです。

ここまでの内容を読めば分かるように、英語習得のためには、それなりに時間をかけなくてはいけません。1日に何時間必要かといった具体的な数字は、現在のレベルや目指す目標にもよるので一概に言えませんが、多ければ多いほどゴールに到達するのが早いのは間違いありません。

国内で学習しながら高い英語力を身につけた人は、**ほぼ間違いなく年中英語に触れて、年中英語を使うという生活**をしています。もちろん、日本語での生活を完全に英語に置き換えられるわけではありませんが、それでも日常的に英語に触れたり使ったりしていないと、英語は習得できないのです。

繰り返しになりますが、1日の中でしっかり勉強時間を確保するのは素晴らしいことです。でも「すべての学習をその時間に押し込める」という考えは大いに問題あり。もっと「英語タイム」を広げていきましょう。例えば、通勤・通学時間や入浴時間などを利用して、日常的に触れる・使う時間を確保する方法はあります（詳しくは次ページでご紹介します）。

英語に触れる・英語を使う、これはあなたにとって「日常」ですか？

　この質問に対する答えで、英語が身につくかどうかが分かると言っても過言ではありませんよ。

　さて、そうは言っても、1日に何時間も英語の勉強をするのはさすがにきついですよね。そこでおすすめしたいのは、**「英語を学ぶ」だけでなく、「英語で楽しむ」時間を作る**ということ。例えば、ドラマが好きならば海外ドラマを見る、読書が好きならば比較的簡単なペーパーバックを読むなど、好きなことであれば無理なく日常の中に英語を取り入れることができますよ。

Exercise

　自分の好きなことを書き出し、それを「英語化」するための方法を考えてみよう。

　例）ドラマを見るのが好き ➤ 海外ドラマの DVD を視聴
　　　野球が好き ➤ BS 放送で MLB 中継を英語音声で視聴

Q8

忙しい私でも
英語は身につく？

　仕事や家事・育児などに追われる日々を送っている方々は、学習に使える時間の確保が難しいため、「私には無理ではないだろうか」と不安に思っているかもしれません。でも大丈夫。同じような境遇にあっても、正しい努力を継続することで、しっかりとした英語力を身につけた人はたくさんいます。

　では、どうすればよいのでしょうか。忙しい人が英語を身につけようと思ったら、次の 3 つが必要です。

　① 時間の捻出
　② 目標まで最短距離を進むための正しいノウハウ
　③ 忙しくても心が折れないモチベーションの維持方
　　法

　②は本書全体のテーマですし、③は Chapter 8 で詳しく解説しますので、ここでは①の「時間の捻出」についてご説明しましょう。

忙しいからといって「**いかに時間をかけずに英語を身につける か**」**という発想はダメ**。原則として、英語力は学習にかけた時間に 比例します。もちろん正しいノウハウを知ることで効率化はできる ものの、必要な学習時間が大きく減ることはありません。

　英語を身につけるための必要「時間」や「量」について、例えば 「1万時間の学習が必要」「100万語多読すれば身につく」など、世 間ではいろいろなことが言われています。数字にはそこまで根拠 はないのでしょうが、それでも上達のためには相当な時間を費や す必要があることは間違いありません。そこで、日々の生活の中 で、いかに時間を捻出するかが重要になるのです。

　仕事をしている方なら、いわゆる机に向かうような学習にかけ られる時間は、平日ならせいぜい1日1時間、もしくは30分程度 ではないでしょうか。もちろんこれだけでは足りないので、**この時 間を学習の「コアタイム」として、それ以外にも「英語に触れる・ 英語を使う時間」を広げていくという発想が大切**です。

　例えば、通勤や食事の時間などに学習した教材の音声を聞く （p. 066 参照）、入浴時にその日一日について英語で話す（p. 086 参照）などです。本書では机に向かわなくてもできる学習方法を 数多く紹介しますので、コアタイム以外はこうした活動をしましょ う。加えて、p. 027 で書いたように、娯楽の中にも英語を取り入れ れば、さらに触れる時間を増やすことができます。

Exercise

1 週間の中で
- 英語に触れる（読む・聞く）合計時間：20 時間
- 英語を使う（話す・書く）合計時間：8 時間
を捻出するスケジュールを組んでみよう。

いかがですか？「1 週間に〇時間必要」というのは一概に言えま
せんが、これぐらいは確保したいところ（もちろん多ければ多いほ
ど、それだけ速く上達します）。通勤や寝る前の時間などをうまく
利用すれば、捻出は可能ではないでしょうか（「話す」のは後述の
通り、ある程度は一人でもかまいません）。

　ちなみに、睡眠や食事といった生活の中で必須の時間を削るの
はおすすめできません。心身が健康でなければ、何事も上達しま
せんから。

振り返ってみて、一番大事だったのは……

　自分自身の英語学習を振り返ってみて、「これがあったから、うまくいった」というものがいくつかあります。まずは「文法の力」。詳しくは Chapter 6 でお伝えしますが、基礎的な文法が頭に入っていたおかげで、読んだり聞いたり話したりする際に、少しだけ自信を持てました。その結果、上達も速かったと実感しています。

　それから「過程を楽しめる心」。ゴールまで到達するのは大変ですが、それでもやればやっただけ少しずつ伸びるのが語学というもの。そうした日々の成長を楽しむ気持ちがあったので学習を継続できたし、できないことが出てきても「これは自分のレベルではまだ無理。いずれ上達してできるようになるのを楽しみに待とう」と謙虚に割り切ることができました。

　このように、いろいろ大切なことがあるのですが、結局一番大事なのは「英語が好きである」ということでしょう。これなしでは、それなりに上達はできても、身につけたというレベルに達するのは難しいと思います。ぜひ皆さんも「好き」という気持ちを持つようにしてください。何も、英語の勉強が好きでなくてもいいと思うんですよ。例えば、「洋楽や洋画が好き」のように、英語に関係したものが好きなら、それらを出発点にして学ぶことができるので、大きな武器になります。

　僕自身の英語学習歴の中で一番の転換点になったのは、アメリカンプロレスや『Friends』などの海外ドラマにハマったことです。単に見るだけでなく、海外の専門誌や関連する書籍を読み漁って、その結果、大きく英語力を伸ばすことができました。こうした経験から、「好きである」ことに勝るものはないと断言できます。

　どうしても好きにはなれない人には、裏技をご紹介します。英語の勉強をするときは、大好きなドリンクを用意するとよいですよ。英語学習をすると好きなドリンクが飲めるということを脳が認識すると、そのうち「学習＝喜び」が頭の中でつながり、結果的に学習の時間が楽しみになっていきます。ぜひお試しあれ。

Chapter

2

英語の「理解力」を鍛え上げる

Chapter 1 では、英語学習への取り組み方や
誤った思い込みについてお話ししました。
その中で、英語力とは「相手の英語を理解する理解力」と
「自分の言いたいことを英語で伝えることができる表現力」に
大別できると説明しましたね。
Chapter 2 では、前者の「英語を理解する力」を取り上げましょう。
リスニングとリーディングに必要なスキルが、
この「理解力」です。

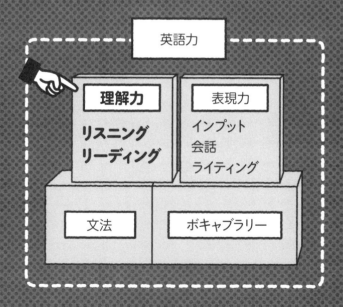

英語の聞き取りができるように なるには、どうすればいい？①

最初に、一般に英語ネイティブスピーカーがどれくらいのスピードで発話するのか（いわゆる「ナチュラルスピード」）という話から始めましょう。個人差はあるものの、だいたい1分間に160 words くらいのペースで話すと考えればよいでしょう。これは、特に英語に慣れていない日本人には、相当速く聞こえると思います。それでは、このペースで発話される英語を聞き取るには、どんなスキルが必要でしょうか。大きく分けて下の2つです。

① 英語の音を耳でキャッチする力
② 英語を素早く読解できる「速読力」

①については詳しい説明は不要だと思います。英語では音がつながったりすることがありますから、どんな単語が発せられたのかを耳でしっかりキャッチする力が必要ですね。これがなければ始まりません。

もう1つ必要なスキルは**「速読力」**。意外に思われたかもしれません が、聞き取りは耳さえ良ければよいというわけではありません。というのも、英語を聞き取るには、次の2つのステップがあるからです。

> **ステップ1** 英語の音を耳でキャッチする
> **ステップ2** 耳から入った英文の意味を頭で解釈する

　ただ音を耳でキャッチしているだけでは聞き取ったことにはなりません。当然ながら、耳から入った英文の意味を解釈する必要があります（「聞いた」うえで、意味をしっかり「取る」から「聞き取り」というわけですね）。

　勘のいい方ならお気づきかもしれませんが、このステップ2はリーディングと同じです。リスニングは耳から、リーディングは目から英語が入りますが、最終的にその意味を処理しているのは「脳」です。しかもリスニングでは、先ほど述べた通り、結構な速さで耳から英文が入ってきますから、その意味を素早く解釈できる力と、英語を素早く読んで素早く意味を取る「速読力」は、実はまったく同じスキルなのです。言い方を変えれば、速読力がないとステップ2でつまずいてしまい、聞き取りもできません。

例えば TOEIC® などのリスニング試験で、こんな状態になってしまう人はいませんか?「一つひとつの単語はちゃんと聞き取れるのに、英文の意味が分からない」「途中までは内容を理解できたが、途中から発話の速さについていけなくなってしまった」。こうした人は、一応音は聞こえているので、耳が悪いわけではありません（ステップ 1 はクリア）。おそらくはゆっくり読んでもらえば理解できるのでしょうが、ナチュラルスピードの英語が次々に耳から入ってくるために、脳の処理が追いついていない状態です。つまり、典型的な**速読力不足**です。

　このように、速読力とは、言い換えれば頭の中で素早く英語を処理できる能力のこと。これはリーディング・リスニングに共通する、英語の理解力の根幹を成すと言ってよいほど大切なスキルなのです。

英語の「理解力」を鍛え上げる

英語の聞き取りができるように なるには、どうすればいい？その②

　それでは前ページの内容を踏まえて、聞き取りができるようになるにはどうすればよいのかを考えていきましょう。まず確認しなければいけないのは、次の2つのステップのうち、自分がどちらでつまずいているかです。

ステップ 1 英語の音を耳でキャッチする
ステップ 2 耳から入った英文の意味を頭で解釈する

　「どちらでつまずくか」とは言っても、実際にはきれいに分けられるものではなく、「発話された単語は分かることが多いが、内容や話し方によってはキャッチできないこともある」という方も多いでしょう。それでも、自分の傾向を考えれば、どこに重点を置いた学習をすればよいのかが見えてきます。

　「そもそも何の単語を発話しているのか分からないことが多い」という方は、徹底的に「耳」を鍛える必要があります。そのためには、各単語の発音に意識を向けることから始めましょう。当然ながら、正確な発音を知らない（言い換えれば「たぶんこんな発音だろ

う」と思い込んでいる) 単語は聞き取れません。例えば、このような語です (音声はスマホアプリで聞くことができます)。

① **Twitter** (ツイッター)　② **genre** (ジャンル)
③ **clothes** (服)　④ **choir** (聖歌隊)

①の Twitter は「トゥウィタ (ァ)」のような感じ。②の genre も「ジャンル」よりは「ジャーンラ」に近い発音です。このように、日本語の感覚で捉えていると聞こえない単語が数多くあります。③ clothes や④ choir は、つづりから「クロウジズ」「チョア」かなと思われるかもしれませんが、実際には「クロッズ」「クワィア」のように発音されます。

　英語の正確な音を知るためには、電子辞書などで発音を確認する習慣をつけましょう。そのうえで、とにかく音に触れ続ける学習 (p. 066 参照) を繰り返せば、おのずと分かるようになっていきます。「知っているのに聞こえない」という単語を作らないようにすることが大切です。

Exercise　　　　　　　　　　audio 3

5 つの単語を読み上げた音声を聞き、読まれた単語を書き取ろう。

※ 解答は p. 182

それから、単語単体なら聞こえるのに、文章の中に置かれると途端に聞こえなくなるということもありますね。理由は、英語では前後の音がつながったり、文脈によって単語の発音の仕方に強弱が生まれたりするためです。

　そうした英語特有のリズムに慣れるには、「シャドーイング」がおすすめです。これは英語の音を聞きながら、同じように自分の口で再現してみる学習法。聞いてすぐに自分でも発音するため、英語らしいイントネーションやリズムを身につけるのに最適です。

　以下、シャドーイングのやり方をご紹介しておきましょう。

① 音声つき英語教材を準備（できればアメリカ英語・イギリス英語を両方使いましょう）。
② 内容を理解したら、テキストは見ずに音声を再生。聞こえた通りに少し遅れて自分の口で再現してみる（自分の声で音声が聞こえないならイヤホンを使用。イヤホンを使うと自分の声が聞こえないのなら片耳だけ使う）という手順で進めましょう。

英語はどれくらいの 速さで読めればいいの?

　英語の理解のためには、「速読力」が非常に大事なスキルである という点はお分かりになったと思います。ただ、「速読」という文 字を見て、とんでもないスピードで読解しなければいけないので はないかと不安になってしまった人がいるかもしれませんね。書 店には『「1冊10分」で読める速読術』のような本が売られていま すが、英語で必要な「速読力」とは、こうした特殊スキルのことで はないのでご安心ください。

　前述の通り、ネイティブスピーカーは1分あたり160 words の ペースで発話しますので、このスピードで読解できれば英語の理 解スピードはとりあえず問題ないということになります。この「160 words /分」を一つの目安にしましょう。

　それでは、実際にこのペースを体感してみましょう。時計やス トップウォッチを用意して、エクササイズに挑戦してください(参 考までに、ネイティブスピーカーが読み上げた音声を用意していま す)。

次の英文（158 words）を 1 分以内に読解しよう。

Oita has been given the honor of hosting a pair of Rugby World Cup quarterfinal matches. But it is the only city that does not have a chance to see its national team, Japan, play there. Some of the Japanese fans, however, do not appear to care. In fact, they insisted they can fully enjoy the World Cup experience through games not involving the Brave Blossoms. A Japanese husband and wife, Shinichi and Ikuko Goke, fell in love with the sport after Japan's historic upset over South Africa at the 2015 World Cup in England. They tried to purchase tickets for Japanese games but came up short. But that did not stop them from going to stadiums during the 2019 tournament. The two had watched a pair of pool phase matches — England vs. Tonga in Sapporo and France vs. Argentina in Tokyo. And on Saturday morning, they flew from Tokyo to Oita for their third match of the competition.

いかがでしたか？ 2019 年のラグビー W 杯の開催期間中に『The Japan Times』紙に掲載された記事の抜粋です（一部改変）。「1 分で読めなかった……」という方も多いのではないでしょうか。それもそのはず、ベネッセコーポレーションの調査によると、高校生の平均的な読解スピードは「75 words / 分」だそうです。おそらく大人でもそれほど変わらないでしょう。英語の読解において、必要とされるスピードと日本人の現状には大きな開きがあることがお分かりいただけたと思います。

p. 187 に英文をさらに 2 本用意しました。読解してみましょう。

英語を速く読めるように なるには、どうすればいい？

　読解スピードが遅いのには、「ボキャブラリーが少ない」「文法が分かっていない」「そもそも内容が難しすぎる」など、さまざまな原因が考えられます。なかでも大きいものは、**「英語を日本語に訳して解釈してしまう」という癖**です。

　もう少し詳しく言うと、ある程度複雑な英文を読んだとき、英語を英語のまま理解できずに、一度日本語に置き換えないと内容が頭に入ってこないという状態のことです。こんなことをしていては読解に時間がかかってしまうし、聞き取りでも、相手が何か発言するたびに、いちいち日本語に置き換えているようでは会話の流れについていけませんね。「160 words／分」を達成するためには、この状態を脱し、英語を英語のまま理解できるようになることが欠かせません。

　そのための練習としておすすめなのは**「多読」**（たくさんの英語を読むこと）です。これは非常に単純な話で、「英文を読む→理解する」を繰り返すことで脳が英語を理解することに「慣れ」、結果として理解スピードも速くなるというわけです。「慣れ」のところをカギカッコで強調しましたが、これはある意味、英語学習のキーワードと言えるほど大切なことです。

p. 020 で「日本人の練習量は 2 ぐらい」という話をしましたが、言い換えれば、一般の日本人は英語を使うことにも英語を理解することにも全然慣れていません。人間、慣れていないことはできませんね。**日頃から英文を読むということは、自分の脳を英語にさらす活動**とも言えます。こうして脳を英語に慣れさせないと、頭の中で素早く英語を処理する力は育たないのです。

多読のコツは実にシンプル。次の 2 つだけです。

> ① 今の自分のレベルで、ある程度容易に理解できるような素材を選ぶこと。
> ② 多少分からない箇所が出てきても気にせず、分かるところだけ分かればよいというスタンスで読み進め、辞書は引かない (どうしても気になる単語が出てきたら、印だけつけておいて、あとで辞書を引く)。

どうですか? これなら、できそうですよね。

このほか、多読で大切なのは「楽しさ」です。ぜひ**自分が興味を持てる英文を読む**ようにしましょう。読む量は、最初のうちは週に 1,500 words 程度 (やさしめのペーパーバック 5 ～ 6 ページ分くらい) でいいでしょう。大切なのは、毎日とは言わないまでも、定期的に英語を読むこと。多読をさぼると、英語の理解力も落ちていってしまいます。

ちなみに、初級者（特に p. 041 のエクササイズの英文が、辞書を引きながら読んでもほとんど理解できない人）は、まずは英文を読めるようになることが大事ですから、多読よりも**「精読」**に力を入れましょう。これは、一文一文の内容を（辞書や和訳も参照しながら）じっくり解釈する読み方です。精読の教材については、巻末の「おすすめ教材」を参照してください。

英語の「理解力」を鍛え上げる

Q5
英語を速く読めるように なるには、どうすればいい？ その②

速読力をつけるために、「多読」に加えておすすめしたいのが**「音読」**。英語を声に出して読むのは非常に効果的な練習法で、特に英語の語順通りに意味を解釈する力が身につきます。というのも、英語と日本語では語順が大きく異なるため、英語の語順に慣れていないと一度頭の中で日本語に置き換えてしまいがち。つまり、英語を日本語に訳さないと理解できないのは、語順に慣れていないことが大きな原因です。

次の文を見てみましょう。2つの言語の違いがよく分かりますね。

<u>I don't think</u> he was responsible for what happened yesterday.

昨日起きたことが彼に責任があるとは、<u>私は思わない</u>。

日本語では最後に「私は思わない」がきますが、英語では I don't think（私は思わない）から始まります。

Chapter 1

Chapter 2

Chapter 3

Chapter 4

黙読するときは思わず日本語に訳してしまうという方でも、音読しているうちは訳す暇がなく、英語の語順通り、左から右に読まざるを得ません。このように、音読が速読力をつけるのに効果的なのは、**音読を繰り返すことで英語の語順通りに意味を解釈できるようになり、結果として日本語に訳しながら解釈するという悪い癖が矯正される**からです。

　音読する素材としては、初めて見る英文よりも一度内容を理解した英文の方が効果は高いです。初見の英文を音読しようと思っても、よほどの上級者でもない限り内容の理解まで頭が回らず、ただ口を動かして読むだけの状態になってしまいがちです。一度理解した英文を、仕上げの意味で音読するようにしましょう。

Exercise

p. 041 で読解した英文を、次の語句注・和訳を参照しながらあらためて読み、内容を理解したら音読しよう。

Oita has been given the honor of hosting a pair of Rugby World Cup quarterfinal matches. But it is the only city that does not have a chance to see its national team, Japan, play there. Some of the Japanese fans, however, do not appear to care. In fact, they insisted they can fully enjoy the World Cup experience through games not involving the Brave Blossoms. A Japanese husband and wife, Shinichi and Ikuko Goke, fell in love with the sport after Japan's historic upset over South Africa at the 2015 World Cup in England. They tried to purchase tickets for Japanese games but came up short. But that did not stop them from going to stadiums during the 2019 tournament. The two had watched a pair of pool phase matches — England vs. Tonga in Sapporo and

France vs. Argentina in Tokyo. And on Saturday morning, they flew from Tokyo to Oita for their third match of the competition.

[語句注]　honor：栄誉　quarterfinal：準々決勝の　care：気にする
Brave Blossoms：ラグビー日本代表チームの愛称
upset：番狂わせ　came up short：及ばなかった
pool phase：決勝トーナメント前の予選プールステージ

▶ 和訳

大分は、ラグビー W 杯の準々決勝を 2 試合開催するという栄誉を与えられた。しかしながら大分は（開催都市の中で）日本代表の試合が開催されない唯一の都市である。しかし、気にしない日本のファンもいるようだ。実際、そうしたファンは日本代表の試合でなくても W 杯の体験を心から楽しんでいると主張する。日本人のゴケ・シンイチ、イクコ夫妻は、2015 年のラグビー W 杯イングランド大会で日本が南アフリカを下した歴史的な番狂わせのあと、このスポーツ（ラグビー）に魅せられた。彼らは日本代表の試合のチケットを購入しようとしたが、かなわなかった。だが、そのことは彼らが 2019 年の大会期間中、スタジアムへと足を運ぶのを止めることはなかった。2 人はプールステージのうち、札幌で行われたイングランド対トンガ、東京で行われたフランス対アルゼンチンの 2 試合を観戦した。そして土曜日の朝、彼らはその競技（ラグビー W 杯）の 3 試合目を観戦するために、東京から大分まで飛行機で移動した。

いかがですか？ しっかり理解した英文の音読を繰り返すことで、日本語に訳すことなく左から右に英文の意味を取っていく感覚がつかめてきますよ。

　英語を英語のまま理解するために必要な練習として、もう一つ大切なのが「リスニング」です。これも音読と原理は同じ。耳から入ってくる英文をいちいち日本語に訳していたら、理解が追いつかないですね。英文を聞いて、聞こえてくる順番（＝英語の語順）通りに意味を解釈する練習を繰り返すことで、音読と同じく英語の語順に慣れ、結果的に日本語に訳すことなく意味を解釈できるようになります。

このように、英語を英語のまま理解する力を養うには、「多読」「音読」「リスニング」の3つが有効な練習です。ひょっとしたら「3つもやるのは面倒くさいな」と思った方もいるかもしれないですが、この3つをこなすのは、それほど大変なことではありません。音声つきの教材が1冊あれば足ります。そこに載っている英文を読めば「多読」だし、音声を聞けば「リスニング」になります。さらに英文を声に出して読めば「音読」です。1冊の教材を多角的に活用すれば、「多読」「音読」「リスニング」を手軽にこなすことができるのです。

Column あなたの生活を英語で彩ろう

　英語の理解力を上げるには、日常的に英語を読んだり聞いたりすることが一番です。仕事でもスポーツでも、「慣れ」に勝るものはないですよね。慣れている人には絶対に勝てません。英語でも同じ。日頃から英語に触れて、頭を英語に慣れさせておくことは非常に重要です。

　僕自身も仕事柄、常に英語のニュースを読んだり聞いたりしているし、仕事が終わったあとは自分の好きなジャンル（プロレス、動物、超常現象など）の番組を通して英語に触れています。今は良い時代で、動画配信サービスなどを利用すれば、簡単に英語の映像コンテンツを楽しむことができます。字幕なしで見るのが難しければ、英語字幕を利用できるメディアもあるし、日本語字幕で視聴してもそれなりに学習効果はありますよ。

　コツは、字幕を目で追いながらも、耳は音声に注意を向けること。これにより、字幕の日本語が英語でどう表現されているかを学ぶことができます。ある映画の日本語字幕版で「心よりお悔やみ申し上げます」や「（飛行機が欠航になってしまった相手に）それは大変ですね！」というせりふが出てきたことがあります。元の英語はそれぞれ "I'm very very sorry." "Oh no!" と非常にシンプルでした（もっと難しい英語を想像した人も多いのでは？）。このように日英のせりふを比較しながら見ることで、英語らしい自然な表現が身についてきます。

　ほかにも、AIスピーカーの言語設定を英語にするのもおすすめ。僕の家にも1台あるのですが、天気予報やプロ野球の結果、最新のニュースを英語で聞くことができるし、クイズなどのゲームを英語で楽しむこともできますよ（さらに自分の発音がおかしいと認識してくれないので、発音の訓練にもなります）。

　このように、さまざまなメディアを利用して、「自分の生活を英語で彩る」ことを意識してみましょう。今まで日本語のテレビなどを見て過ごしていた時間が「英語タイム」に置き換わることで、英語に触れる時間を大幅に増やすことができます。

Chapter

3

「インプット」を怠らない

Chapter 3 ～ 5 では、英語の表現力に関する話を取り上げます。
この Chapter 3 では、表現力をつけるため
最初にするべき「インプット」についてお話ししましょう。

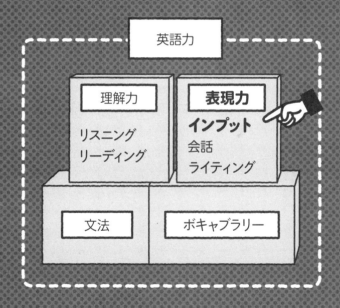

英語を話せるようになるには、ひたすら会話練習をすればいい?

　答えは NO です。もちろん会話練習は必須ですが、それだけやっていても効率的に表現力を高めることはできません。

　ここで理解しなければならないのは、**語学学習には「インプット (Input)」と「アウトプット (Output)」という 2 つの面がある**ということです。インプットとは、英語に触れることで表現などの知識を頭に入れること (単純に言うとリーディングやリスニング、ボキャブラリー学習など)。アウトプットとは、覚えた知識を実際に使ってみること (つまり会話とライティング) を指します。この両者は、どちらも絶対に欠かせません。それなのに、冒頭の質問にあるように、「英語を話そうと思ったら、とにかく会話練習」と考えている人は多いのではないでしょうか。

　繰り返しになりますが、会話練習 (=アウトプット) は絶対に必要です。しかし、インプットをしないままアウトプットの練習ばかりしていても、**頭の中の英語のストック**が増えていかないため、表現力はあまり伸びません。このことを実感していただくために、エクササイズを 1 つ用意しました。

Exercise

「多数決で決めよう」を英語で表現しよう。

_____

- -

- -

- -

- -

- -

_____

　いかがでしたか？「多数決で決めよう」は、Let's take a vote. のように英訳できます。ここでは take a vote（決を採る）という表現を使っていますが、当然ながら、この表現を一度も見たことがなければ、自分で使うことはできません。言い換えると、われわれはどこかで見たり聞いたりした表現しか使えないということ。つまり、たくさんの英語に触れて表現のストックをどんどん増やしていかないと、英語の表現力を高めることはできないのです。こう考えると、いかにインプットが大切かが分かると思います。

　英語で会話することを車の運転に例えると、インプットはガソリンを入れることにほかなりません。車はガソリンを入れなければ走らない。同じように英語も、表現を頭に入れなければ、自分で使えるようにはならないのです。

「言いたいことを英語にできない」という悩みを抱えている人は多いと思いますが、これは会話練習が不足しているというより、そもそも英語に触れる量、すなわちインプットが不足しているケースがほとんどです。英語での表現力が高い人は、100％の確率でしっかり英語に触れています。

　僕自身も大量のインプットをしてきたから分かるのですが、触れれば触れるほど、英語で表現できることが増えていきます。例えば、「それらは番号の若い順に並んでいる」は、英語でどう言ったらよいか分かりますか？　これは、They're lined up by number, smallest to largest. のように表現することができます。こうしたものはどこかで見たことがなければ使うことができないし、また、これが頭に入っていれば下線部を応用して by age, youngest to oldest（年齢の若い順に）、by height, shortest to tallest（背の順に）など、さまざまなことを表現できるようになるのです。

　というわけで、インプットとアウトプットがそろって初めて、英語の表現力が高まるということをしっかり覚えておきましょう。

「インプット」を怠らない

会話力を高めるには、どんなインプットをしたらいい?

　本書をお読みの方の多くは、「英語が話せるようになりたい」という目標をお持ちでしょう。では、会話力を伸ばすには、まず何をすべきでしょうか。前ページの内容を考えれば、**とにかく英語の会話例にたくさん触れること**が大切だということが分かりますね。ネイティブスピーカー同士のさまざまな場面での会話をサンプルとして観察すれば、いろいろな言い回しが身についてきます。

　ただし残念なことに、「英語が話せるようになりたい」と言いながら、一方で「会話のサンプルにはほとんど触れていない」という方も多いようです。これではガソリンを入れていない車を走らせようとするのと同じことです。会話に触れないことには、自分で使える表現は身につきません。

　それでは、どうすれば会話のサンプルに触れることができるのでしょう? 日本に住んでいても、**ダイアローグ形式の教材**を活用すれば、いろいろなパターンの会話に触れることが可能です。ダイアローグとは「対話」のこと。つまり、A さんと B さんの対話形式の英文が載っている(そしてそれを読み上げた音声もついている)本がダイアローグ教材です。これは書店にたくさん売っていますの

で、片っ端から活用していきましょう。

　ダイアローグ教材を選ぶ際は、そこに載っている会話が「理解できるかどうか」ではなく、「自分でも使えるかどうか」を基準にしてください。「この程度の会話は簡単に理解できるから、この教材は自分には簡単すぎる」と考える必要はないのですよ。一見簡単そうに見えても、掲載されている会話が自分では使えないと思ったら、あなたにとって、その教材がちょうど良いレベルだということ。どんどん利用していきましょう。

　それから、海外ドラマもサンプルの宝庫です。特に「sitcom（situation comedy の略）」と呼ばれるコメディードラマは、日常生活のさまざまな場面を舞台にすることが多いので、おすすめです（逆にアクションシーンばかりでせりふがあまりないものや、日常とかけ離れた特殊な状況を舞台にしているようなドラマはおすすめできません）。やや古いですが、『Friends』などは英語も平易なので、海外ドラマの手始めとしてはよいのではないでしょうか。

　ほかにも、『The Big Bang Theory』[*] や『Two And A Half Men』[**] など、さまざまなコメディー作品がありますので、ご自分の好みと英語レベルを考慮して選べばよいでしょう。ポイントは字幕なしで 50％くらい理解できるかどうか。これを下回るものは難しすぎるので、もっと理解しやすいドラマを選ぶか、英語字幕を表示したうえで視聴するなどしましょう。ドラマ以外にも、海外の子供向けアニメ作品[***] も良い教材になりますよ。ドラマが難しすぎると感じる人にはおすすめです。ドラマやアニメは、DVD/Blu-ray、CS/BS 放送、動画配信サービスなど、さまざまなメディアで視聴可能なので、ぜひお気に入りの作品を探してみてください。

さて、コメディードラマには、きっとお気に入りのシーンが出て
くるはず。「このやりとりには笑ったな」「この会話大好き」と思え
るような場面に出合ったら、ぜひ録音しておきましょう（録音した
ファイルの活用法は p. 066 を参照）。僕自身もお気に入りドラマ
の好きなシーンを録音した自分だけの「名場面集」を作ってきまし
た。録音の方法はいろいろありますが、僕が使ったのは「超録」と
いうフリーソフト。これは PC で再生した音声を録音して MP3 な
どの音声ファイルを作ってくれるソフトで、シンプルで使いやすい
のが特徴です。

　このように、ダイアローグ教材や海外ドラマで積極的に会話の
サンプルに触れて、インプットをしていきましょう。

　　* 邦題『ビッグバン☆セオリー ギークなボクらの恋愛法則』。IQ の高い草食系オタク男子
　　　と美女が繰り広げるラブコメディー。日本でも人気が高く、主な動画配信サービスで視聴
　　　可能。
　 ** 邦題『チャーリー・シーンのハーパー★ボーイズ』。共同生活を送る兄と弟、弟の息子の 3
　　　人が織りなすドタバタコメディー。個人的に大好きな作品です。皮肉や当てこすりが多く、
　　　英語レベルは高め。かなり下ネタが多いので要注意。
*** ディズニーをはじめ、さまざまな作品が日本でも視聴可能。登場人物が特殊な発音で
　　　しゃべる作品もありますが、そうしたものは避けましょう。個人的にすすめたいのは『We
　　　Bare Bears』(邦題『ぼくらベアベアーズ』)。3 頭のクマたちが主人公ですが、意外にも
　　　スマホや SNS、動画投稿など現代的なテーマを扱うことが多く、「イマドキ英語」の宝庫
　　　です。英語は平易で、発音もナチュラル。

Q3

インプットの際に 意識すべきことは？その①

　インプットの大切さはご理解いただけたかと思いますが、インプットにも良いやり方と悪いやり方があります。ここからは効果的なインプット方法についてお伝えしていきましょう。

　なぜわれわれは、英語表現をインプットするのでしょうか。もちろん、自分で使えるようにするためですね。この目的を考えると、「アウトプットしやすい形で表現を頭の中に蓄積していき、それを定着させる」のが理想的なインプットです。それでは、これを実現するために何を意識したらよいのでしょうか？

　まず、**インプットは「アクティブな姿勢」をもって行う**ということを意識してください。例えば、Public interest in space is growing. という文を目にしたとしましょう。「宇宙（space）に関する Public interest（世間の関心）が grow している。つまり『関心が高まっている』ということかな」といった具合に、意味は何となく分かったかもしれませんね。

　ただ、非常にもったいないことに、ほとんどの方が文中でこうした一文に出くわしても、意味さえ分かればそれ以上のことを考えずに次の文へと目線を移してしまいます。残念ながら、これではただ

英語に触れているだけ。アクティブな姿勢とは言えません。皆さんにはぜひ、次のように「自問」していただきたいと思います。

grow は「人や植物が育つ」という意味で使うのは知っていたけれど、「関心が高まる」っていう場合にも使えるのか。これは自分が英語を使うときにすっと出てくるかな？

もしその表現を使える自信がなければメモする。これがアクティブな姿勢です。先に述べた通り、インプットの目的はいつかアウトプットで使うためですから、**「自分が英語を使うときに」というアウトプットの状況を常に念頭に置いたうえでインプットをすると、効率よく表現を吸収していくことができます。**

言い方を変えると、英語に触れるときはただ触れるのではなく、「何か学べることはないかな、スピーキング・ライティングで使えそうな表現はないかな」という意識を持つようにしましょう。この意識があれば、英語に触れるたびにいつも新たな発見があります。逆にこれがないと、せっかくの発見の機会を逃してしまうことになってしまいますよ。

効率よく表現力をアップさせるためには**「自分が言えない表現に気づき、それを言えるようにしていく」**ということが不可欠。そのためには、インプットの際に「何か学べることはないかな」というアクティブな姿勢を持つことが大切なのです。

Q4

インプットの際に意識すべきことは？その②

単語をインプットするときには、単語単体ではなく、その語が何と結びついて使われているのか、ということにも注意を向けましょう。まずは、次のエクササイズをやってみてください。

Exercise

「彼は皮膚がんの治療を受けた」を英語で表現しよう。

ヒント❶
▸ 皮膚がん　skin cancer
▸ 治療　　　treatment

いかがですか？ すっと英文が出てきた人がいる一方で、「『治療』は分かるが、治療を『受ける』は何と言えばよいのだろうか」「treatment と skin cancer をどのように結んだらよいのだろうか」という疑問を持った方も多いかもしれませんね。解答例を示すと、He received treatment for skin cancer. のように表現することができます（動詞は got や underwent なども可）。

　このように「治療を受ける」は receive treatment だし、「皮膚がんの治療」は treatment for skin cancer です。こうした **「結びつき」に注目するというのも、インプットの大切なポイントの一つ** です。

　例えば、上記の英文を見かけたときに「treatment は『治療』という意味なのか、覚えておこう」と、単語のみに意識が向いてしまう人がいます。もちろん、単語の意味を押さえること自体は大事なのですが、treatment だけを見るのではなく、もう少し目線を広げる習慣をつけましょう。そうすれば、「受ける」場合は receive と結びつき、「〜の治療」は for と結びつくということが見えてきます。receive treatment for の形で覚えておけば、あとは for の後ろにけがや病気を表す名詞をつなげるだけで、簡単に文を作ることができますね。

　大切なのは **「アウトプットしやすい形で表現を覚える」** ことです。そのためには、単語の結びつきに意識を向ける必要があるのです。こうした意識を持つことで、英語で表現できる範囲がどんどん広がっていきますよ。特に「単語を覚えても、あまり表現力が伸びた気がしない」という方は、結びつきに対する意識が希薄であることが多いですね。その単語の前後にどんなものがつながっているかをチェックする習慣をつけましょう。

こんな言葉があります。

The difference between ordinary and extraordinary is that little extra.

　ordinary は「普通の」、extraordinary は「並外れた」。extra がつくかどうかで意味が大違いです。つまり、日々のちょっとした extra（追加、プラスアルファ）の積み重ねで、ordinary と extraordinary が分かれるということを伝える言葉です。英語学習でも同じ。並外れた英語力は、日々の extra の積み重ねで達成できるものです。単に単語を覚えて終わりにするのではなく、その前後にはどんな語句がつながっているのかも含めてチェックする。このように、もう一歩踏み込んでみる習慣（まさに extra）をつけることで、英語力の伸びが大きく変わってきますよ。

　最後にもう一つ、単語の結びつきに関するエクササイズにトライしてみましょう。

Exercise

a lie（うそ）と結びつく動詞・形容詞を
思いつくだけ書き出してみよう。

_____

- -
- -
- -
- -

_____

※ 解答例は p. 182

「インプット」を怠らない

Q5

インプットの際に意識すべきことは？③

あと一つ、インプットの注意点をご紹介します。それは、**基本単語の大切さ**です。まずは、問題をやってみましょう。「火を消す」は英語でどのように言ったらよいでしょうか？ a fire の前に何か言葉を入れてみましょう。2 通りの表現を考えてみてください。

Exercise

_____ a fire（火を消す）

いかがですか？「（火）を消す」という意味を表す代表的な動詞（句）には、extinguish や put out があります。

この extinguish と put out の 2 つを見比べてください。extinguish のような見慣れない単語を目にすると、「ぜひ覚えておこう」という気になる人が多いかもしれません。一方で、put out のような基本的な語を使った表現は（決して軽視するつもりはないのでしょうが）、extinguish に比べると「覚えよう」というモチベーションが低い傾向にあるように思われます。実際 extinguish の方が先に頭に浮かんだ人も多いのでは？

ですが、優先して覚えるべき表現は put out の方です。難しい語を覚えるのはもちろん大事ですが、put out のような基本単語を使った表現の方がネイティブスピーカーによる使用頻度も高いため、おろそかにすべきではありません。**基本的な語句の使い方に精通する方が、より効率よく表現力と理解力を高めることができる**のです。

　次のエクササイズにも挑戦してみましょう。

Exercise

2 分間で take を使った文をできるだけ多く作ろう

（目標 8 個）。

　※ I took a bus. I took a taxi. のように同一の意味（「交通機関を利用する」）ではなく、必ずそれぞれ異なる意味の take を使った文を作ること。

※ 解答例は p. 182

このエクササイズで、基本単語の運用能力を見ることができます。いろいろなセミナーで実施しましたが、8個作れれば運用能力はかなり高いと考えてよいでしょう。

　ネイティブスピーカーは、会話で take、get、make、have のような基本単語を非常によく使いますが、われわれはこうした基本単語を本当に理解しているのでしょうか。「知っているつもり」になっているだけではないでしょうか。

　今後英語に触れる際に、**知っている単語の知らない使い方**が出てきたら要注意。積極的にインプットしましょう。そうすることで、基本単語の運用能力が高まっていきます。

インプットしたことを
忘れないようにするには？

　インプットしたことを忘れないようにする──。これが最も大切なことと言えるかもしれません。この Chapter では receive treatment for などの表現を紹介しましたが、残念ながら、ほとんどの人は半年もたてば覚えていないのではないでしょうか。

　せっかく英語表現を頭にインプットしても、忘れてしまっては意味がありません。そこで大事なのが、頭に「入れた」ことを、いかに**「定着」**させるか。この「定着」まで意識しないと、当然ながらインプットの効果は大きく落ちてしまいます。今まで、頭に「入れる」ことばかりを意識してきた方も多いのでは？「入れる」だけでなく「定着」を目指さないと、インプットは完了しませんよ。

　それでは、どのように定着させるのか。僕のおすすめは次のステップです。

① 英語に触れる教材は音声つきのものにする

② 音声をスマホや携帯プレーヤーに入れる

③ 通勤通学時間など、空いている時間にひたすら聞く

皆さんも経験則でご存じだと思いますが、定着のためには繰り返しが大切。だからといって、1つの文章を100回読むなんてできないですよね。でも100回「聞く」なら可能です。もちろん1日100回は無理ですが、携帯プレーヤーに入れて空き時間にひたすら聞いていれば、1カ月で100回以上その文章に触れることは可能です。このように、**「聞く」という学習法は「繰り返し」と最も相性が良い**のです。

　僕自身も昔からこの学習法をやってきたから分かるのですが、繰り返し聞いていると、そのうち教材の英文をすべて覚えてしまいます。例えばよく聞いている歌であれば、あるフレーズが聞こえてきたら次のフレーズがすぐに頭に浮かびますよね。それと同じで、「receive が聞こえたら次は treatment、次は for」といった具合に、文そのものが頭に入ってくるのです。教材の英文の中には、大切なフレーズや単語同士の結びつきなどがたくさん詰まっています。1回読んだだけではそうした大事な情報は頭に残りませんが、繰り返し聞くことで、それらを定着させることができるのです。

一つ僕の経験をお話ししましょう。昔、知り合いの外国人が、腰痛がひどいのに仕事へ行こうとしているので、「痛みがどんどん悪化して、仕事にすら行けない状態になったらどうするんだよ」ということを伝えたいと思いました。これをすっと英語で表現するのは簡単ではないですよね。でもそのときの僕は、驚くほどスムーズに What if the pain gets worse and worse to the point where you can't even go to work anymore? という英語が出てきたのです。それは、ある海外ドラマで、男友達との関係が気まずくなってしまった女性が What if it just gets worse and worse and worse to the point where we can't even be in the same room with each other?（2人の関係がどんどん悪化して、同じ部屋にいることすらできなくなったらどうしよう）というせりふを言うシーンを録音して何度も聞いていたからです。get worse（悪化する）、to the point where ～（～という段階まで）というキーワードを使いながら、この文を少しアレンジして発話することができたのです。このように、日頃から繰り返し英文を聞いていれば、**常に頭の中に英語表現の「引き出し」がある状態**を作ることができますよ。

　さらにこの学習法は、表現や知識の定着以外にも、さまざまなメリットがあります。まず、繰り返し英語の音声を聞くことで、リスニング力が高まります。また、p. 047 で述べた通り、リスニングを通じて英語の語順に慣れることで、英語を英語のまま理解できる処理能力が育ってきます。いいことずくめの学習法です。しかもやり方は簡単。学習した教材などの音声をスマホや携帯プレーヤーに蓄積していくだけです。ちなみに音声データを入れるときは、「ダイアローグ」「英語ニュース」「オーディオブック」「海外ドラマ」など、音声のジャンルごとにフォルダ分けすると使い勝手が良くなりますよ。

Column 同じ「聞き流し」でも大違い

　ご紹介した通り、英語表現を定着させるためには、英語音声を空いた時間に繰り返し聞くのが一番です。今は英語圏のポッドキャストなどにも簡単にアクセスできますが、こうしたものはかなりの上級者向け。無理してそうした素材を使うよりも、一度学習した教材の音声を繰り返し聞く方が効果は高いです。

　ところで、空いた時間に英語の音声を流しておくのは、いわゆる「聞き流し」とどう違うのだろう、と思われた方がいるかもしれませんね。「聞き流し」とは、英語の音声を BGM のように流しておけば、いつか耳が慣れて聞き取れるようになっていくというメソッド（?）ですが、これははっきり言って夢物語です。実際には、意味の分からない英語の音声を流していても、脳は「雑音」としてしか処理しません。それに対し、一度学習した音声であれば、聞き流しているようでも、ちゃんと耳が音声を拾ってくれます。ここが大違いなのです。

　僕自身もいろいろな学習法を試してきましたが、この「音声繰り返しリスニング」は一番効果が高かったと実感しています。やり方も、空いている時間を見つけて音声を流すだけと極めてシンプル。僕は通勤時間に加えて、朝の目覚ましアラームを学習した教材の音声に設定し、さらに就寝前の歯磨きなどの時間にも英語音声を聞いています（こうすることで、一日が英語で始まり英語で終わるようになるのです）。

　それから、自分の生活を見直したところ、ビデオゲームに相当な時間を割いていることが分かりました。ゲームソフトによっては累計何時間プレーしたのかという履歴を確認できるのですが、ある日見てみたら 400 時間を超えていたことがありました。「何て無駄な時間を過ごしてきたんだ」と自己嫌悪に陥り、次の日からはゲームの音声はオフにして、その時間に英語音声を聞くようにしました（ゲームをやめれば済む話ですが、意志が弱いのでそれはできない……笑）。

　このように「ながら時間」にできるのが、この学習法の魅力。ぜひ空いている時間を見つけて実践してみましょう。

Chapter

4

「会話力」を高めるには

英語表現をしっかりインプットしたら、
次は表現力の本丸であるスピーキング、
つまり「会話力」がテーマです。
いかにして「会話力」を伸ばしていくか、
その方法を探っていきましょう。

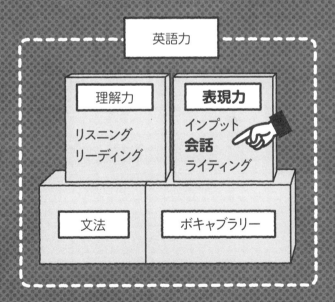

英語力

理解力

リスニング
リーディング

表現力

インプット
会話
ライティング

文法

ボキャブラリー

「会話力」を高めるには

英会話スクールには
行った方がいい?

　Chapter 1 で、多くの人にとって英語学習のゴールは「英語でしっかりとコミュニケーションができるようになること」だと定義しました。ということは、実際にコミュニケーションを取る練習なしに、このゴールに到達できないのは明らかですね。ネイティブスピーカーとの会話練習を積むことは、英語習得のために不可欠です。

　会話練習とは、「実戦経験」。スポーツで言うなら練習試合です。トレーニングや練習をすることは大事ですが、実際に試合をこなさなければ勝てるようにはなりません。英語でも同じことで、「実戦」を通じてしか身につかないことがたくさんあるのです。

　ご存じの通り、会話とは言葉のキャッチボールです。状況に応じて自分の言いたいことを英語で表現し、さらに相手の発言に対し、臨機応変に反応していかなければなりません。しかも、会話の流れを止めないように素早く発話する必要があります。この**「臨機応変に素早く反応できるスキル」が会話では不可欠ですが、これは表現をたくさん覚えるだけではできるようになりません。実際に会話をたくさん経験することで、初めて磨かれていきます。**

つまり、表現をインプットするだけではダメで、インプットした表現を会話という場でうまく使いこなせなければならないわけです。それには、十分な会話の経験が必要です。

　そもそも「英語で会話することに慣れる」ということ自体、意外と軽視できないことです。例えば、日本人なら当然日本語はペラペラですが、苦手な上司に何かを報告するときは、しどろもどろになってしまうという方がいるかもしれませんね。

　日本人が英語を話す場合は、多かれ少なかれこんな状態ではないでしょうか。英語で外国人と話すという慣れない状態に緊張して、落ち着いて会話することができない。だからこそ、慣れが必要なのです。経験を積むことで、英語で会話することへの心理的なハードルが下がっていきます。インプットをしっかりしているのに、いまいち会話力が伸びないというタイプの方は、特に会話練習を繰り返すことで大きく改善することが多いですよ。

　このように、会話練習は英語習得に必須。一番良いのは、英語ネイティブの恋人や友人を作ることですが、それが難しければ英会話スクールやオンライン英会話などのサービスを利用するとよいでしょう。**海外経験がなくても英語は身につきますが、それは国内でもしっかり英語を使う環境を作るからこそ可能なこと。**どんなに忙しくても、最低でも週に1回60分くらいは英語で会話する時間を作るようにしましょう。

「会話力」を高めるには

Q2
会話練習以外に
意識すべきポイントは？ ①

　前ページで説明した通り、会話力を伸ばすには会話練習を積むことが必須です。それに加えて、会話に対する**意識や考え方**を変えるだけで、英語が以前よりスムーズに出てくるようになりますよ。さっそく見ていきましょう。

1 「加点方式」に切り替える

　「言いたいことがうまく英語にできず、変な沈黙が流れてしまった」「何とか言いたいことを表現したけれど、文法的におかしな文になってしまった」というように、英語を話すときにミスやうまくいかなかったことばかり気にしてしまっていませんか？

　ミスに焦点を当てるのは、考え方が「減点方式」になっている証拠です。ネガティブなことに意識を置いて行動すれば、委縮してしまうのは当然のこと。これでは良い結果が生まれないばかりか、そのうち無意識にミスを怖がって、英語を話すことに対して消極的になるという悪循環に陥りかねません。

そうではなく、「加点方式」に切り替えるようにしましょう。つまり、**何を間違えたのかというマイナスの面ではなく、どれだけ伝えられたかというプラスの面を意識する**のです。

　運動会の玉入れを例に取りましょう。かごに向けて玉を投げているうちは、外した玉のことなど気にせず、いかに入れるかだけに意識が向いていますね。英語の会話もそれと同じです。間違いは一切カウントせず、どれだけ相手に伝わったかという点を意識の中心に据えるだけで、委縮することがなくなります。そうなれば会話に対して積極的になり、結果として表現力も高まりますよ。

2 一度「子供」になってみる

　子供は外国語を覚えるのが速いと言われますね。もちろん、頭がまだ柔らかいから、などの理由もあるのでしょうが、「表現において背伸びしない」というのも大きな要素だと僕は考えています。

　例えば、子供の世界で表現することといえば、「ジュースが飲みたい」「そのおもちゃ貸して」など単純なことばかり。一方、同じ英語のビギナーでも、大人の世界ではもっと複雑な内容を表現することが求められます。だから、英語が追いついていかないのです。

　ビギナーは、まずビギナー向けのことから始めるというのが、何事においても上達の基本。大人の学習者の皆さんは、一度子供になったつもりで、単純な言い回しを使って単純なことだけを表現してみましょう。例えば、（指を差しながら）I want this. くらいなら無理なく言えますよね。まずはこのぐらいのレベルから始めて、徐々に表現する範囲を広げていくようにしましょう。

簡単な英語で話すコツとしては、無理してセンテンスの形で発話しないということ。「今日君が履いているジーンズかっこいいね」や「写真撮影はご遠慮ください」は、それぞれ "Nice jeans!" "No pictures please." のように、完全な文でなくても表現することができます。文で発話するのが難しいと感じたら、このように単語を並べて表現できないか探ってみましょう。

　また、〈主語＋動詞＋ A〉や〈主語＋ be 動詞＋ A〉のようにシンプルな形であっても、これを重ねることで複雑な内容を表現することも可能です。例えば「あんなにかっこいい人があなたに気があるっていうのに、どうして彼じゃダメなのよ。あり得ないでしょ」を、そのままストレートに英訳しようとすると難しいですが、He is good-looking and he likes you. You don't like him? I can't believe it. のように、単純な文を重ねることで、ほぼ同じ内容を伝えることができます。これならできそうですよね。

　ネイティブのような洗練された英語に憧れる気持ちは分かりますし、最終的にはそこを目標にすべきですが、実力が伴わないうちは無理する必要はありません。まずは、子供のように簡単な英語で表現することから始めましょう。

会話練習以外に
意識すべきポイントは？その②

引き続き、会話力を伸ばすためのポイントを見ていきましょう。

3 誰かの話し方をコピーしてみる

　僕は社会人になりたてのころ、日本語の敬語や丁寧語がうまく使えませんでした。仕事で電話するときも「私は、本件を担当なさっている高橋と申します」のような、おかしな言い方になってしまうのです。あとで冷静に考えれば、自分に対して「担当なさっている」なんて敬語を使うのはおかしいと分かるのですが、とっさにビジネスにふさわしい丁寧な言い方をしようとすると、うまくいかないという悩みを抱えていました。

　そんなとき、向かいの席の先輩の敬語がとてもスムーズであることに気がつきました。「承知いたしました。お忙しい中、大変恐縮です。それではよろしくお願いいたします。失礼いたします」と、電話でスラスラ敬語・丁寧語を使いこなしているのです。「これだ！」と思い、次の日からその先輩になったつもりで、口調をまねて話してみたところ、驚くほどスムーズに敬語が出てくるようになりました。

これは英語にも応用可能です。ビジネスと同様、英語に慣れないうちはどうしても話し方がたどたどしくなってしまうもの。そこでスムーズに英語を話せる人（つまりネイティブスピーカー）をお手本に、その人の口調をまねて、その人になったつもりで話してみましょう。好きな俳優さんをまねるのが、最も手軽です。もちろん、これで劇的に会話がうまくなるわけではありませんが、英語での発話が少しスムーズになります。

　まず、まねをするからには当然、その人の話し方を観察する必要があります（俳優であれば、出演作品を視聴する）。観察したうえで、自分でも同じように話すわけですから、結果的に英語特有の声の出し方やイントネーションも身についてきます。**日本人が英語を話すときは口の周りに力が入ってしまうことが多いのですが、ネイティブはもっと力を抜いて話しています。こうした英語ならではの発話方法が身につくという点でも、この「話し方のコピー」はおすすめです**（もちろん、ものまねタレントのような完璧なコピーは必要ありません）。

　僕はドラマ『Friends』の大ファン。特に登場人物の一人、Matt LeBlanc が演じる Joey Tribbiani が好きだったので、英語を学び始めた当初は、よく彼の口調をまねていました。

4 声は大きく

　最後に、声の大きさについてお伝えしましょう。英語に自信がないと、どうしても声が小さくなりがち。その結果、**英語が通じる・通じない以前に、そもそも相手に聞こえていないケースが多い**のです。これではコミュニケーションは成り立ちませんね。

　流暢さに不安のある人が、それに加えて声まで小さくなったら、ますます英語は通じません。堂々と大きな声を出すことを意識しましょう。そうすれば、相手から聞き返される頻度はぐっと下がりますよ。

Q4

会話力は一人でも 伸ばせる？

　答えは、半分 Yes で半分 No です。p. 072 でお伝えしたように、英語でコミュニケーションをしっかり取れるようになるには、実際に誰かと話す練習をすることが不可欠。その意味では、英語は絶対に独学では完成しません。

　では、一人ではまったく会話力を伸ばせないかというと、それもまた違います。一人で英語を話す練習をする（つまり英語で独り言を言う）だけでも、一定の効果はあります。会話力は英語を発話した量に比例して伸びていくもの。それなら、一人でも英語を話す時間を確保すればよいのです。

　ボクシングに例えるなら、誰かと英語で会話するのが、相手とリングで打ち合うスパーリング。一方、独り言は、一人でパンチを繰り

独り言

人との会話

出す練習をするシャドーボクシングだと考えればよいでしょう。日頃から、一人でもパンチを打つ練習を積んでいるからこそ、試合でもしっかりとしたパンチが打てるというもの。英語での独り言も、それと同じことなのです。

　ただ、「一人で話していると、間違った英語を使ってしまいそうで不安だ」と思う方もいるかもしれませんね。ごもっともな心配ですが、結論から言うと、あまり気にしなくてもよいでしょう。独り言の最大のメリットは、**日常的に英語を話すことで、英語の発話そのものに自分自身を慣れさせる**ところにあるのですから。あくまで現在の英語力で話せることを表現する練習だと理解しておいてください。

　インプットした表現をアウトプットすることで英語の表現力は伸びると説明しましたが、これは独り言でも変わりません。英語を話すときは、自分が言いたいことにマッチする表現を頭の中から探し出し、それを引き出して使います。場合によっては、ある表現をそのまま使うのではなく、少しアレンジを加えることもあります。

　このように独り言であっても、インプットした表現を頭から引き出してきて、アレンジを加えながら実際に使用する練習になるのです。相手がいないからといって一切英語を発話しないと、こうした機会さえなくなってしまいます。

　このほか、一人で英語を話すのは、英語について考えるきっかけにもなります。「この場合は、どんな表現が適切だろうか」「これを英語でどう言ったらよいだろうか」など。結果として、自分が表現できないことが明確になってきます。

実は、この気づきが大事なのです。英語で言えないことが出てきたら、和英辞典などで調べてノートにメモし、それが集まると、**自分が言えなかったことだけを集めた表現集**ができあがります。疑問に思って調べたことは意外と忘れないものです。続けていれば、**「英語で何と言うのか分からない」は、ストレスではなくチャンスである**という意識に変わってきますよ。

　普通に日本で生活をしているだけでは、スピーキングの練習量が不足しがち。だからこそ、一人でも英語を話す時間を確保することが大切なのです。

(言えなかったことを集めた表現集の例)

◆ 時計が5分進んでいる：This clock is five minutes fast.
　　　　　　　　　　※「遅れている」は five minutes slow

◆ 脚がつる：cramp up
　　　　　　　　　　※ My right calf cramped up last night.
　　　　　　　　　　（昨晩右のふくらはぎをつった）

◆ (ソフト・アプリを) 強制終了する：force quit

◆ ハードディスクの容量を食う：take up a lot of hard disk space
　　　　　　　　　　※ take up は「(物が) 場所を占める」

◆ 鼻をほじる：pick my nose

Q5

一人で会話練習をする コツは？ その①

　一人でも英語を話すことの重要性については、ご理解いただけたと思います。ただ、実際にやってみると分かるのですが、いざ英語で何かを話そうとしてもテーマがないと話しづらいものです。そこで、自らテーマを探したり、やり方を工夫する必要があります。以下に、おすすめの方法をいくつかご紹介しましょう。

1 まずは自己紹介を極める

　人間が一番話しやすいのは、自分に関係したことではないでしょうか。最も自分に関係したことと言えば、自分自身のこと。つまり自己紹介こそが、一番話しやすい話題と言えます。自分の「趣味」「職業」「家族」「出身地／現在住んでいる街」「生い立ち」などについて、英語で話す練習をしてみましょう。

　自己紹介は、スピーキング練習のテーマとしてぴったりなのはもちろん、**初対面の相手との会話がスムーズになる**というメリットもあります。当たり前ですが、初めて会って会話をするなら自己紹介から始まることが圧倒的に多いですよね。そんなとき、自分を語れる紹介文を用意しておけば、役に立つこと請け合いです。

ネイティブスピーカーから意見をもらったり、インターネット を参考にしたり（"How to introduce yourself" や "good self-introduction" などのキーワードで検索すると、サンプルがたくさ んヒットします）しながら、自信を持って話せる自己紹介文を作り 上げておきましょう。

2 because をつなげて「負荷」を上げる

　前述の自己紹介のうち、「趣味」を例に取りましょう。「私は○ ○が好きだ」と言うだけなら、I like ○○ . で文が終わってしまい、 あまり練習になりません。そんなときは because をつなげてみま しょう。好きである理由を述べなければならないため、必然的に 発話する文が長くなります。

　筋トレでも、ある程度負荷を上げないと効果が出ませんね。英 語でも同じ。**because をつけることによって、より多くのことを発 話するように自分自身を促すことができる**のです。まずは、I like 〜 because ... という具合に、好きなものを述べたうえで、その理 由を説明しましょう。

　ほかにも、I don't want to go to work tomorrow because ... や、I'm a little tired today because ... など、今の感情や状態 を述べたら、その理由についても説明してみましょう。独り言で は、無意識に短い文で楽をしようとしてしまいがち。そこで、発話 した文に because をつなげて、負荷を上げていくとよいでしょう。

◀D audio 5

以下の空所を自分の言葉で埋めて、全文を発話しよう。

① I like ___動物の名前___ because _____.

　例）I like dogs because they are friendly and playful.

② I like ___飲食物の名前___ because _____.

③ I like ___地名___ because _____.

※ 解答例は p. 183

Chapter 4

Q6
一人で会話練習をする
コツは？その②

3 今日の出来事を英語で

　自分の今日一日について英語で話してみるのもおすすめです。夜、入浴時などに、その日に起きた出来事を英語にしてみましょう。ゆっくり湯船につかって体を温める習慣もできるので、一石二鳥です。

　その際、無理して「ストーリー調」で話す必要はありません。「窓に打ちつける雨音で、僕は目を覚ました」のようなスタイルで話そうとすると、いたずらに難易度だけが上がってしまいます。なるべくシンプルに話すのがポイント。**初めのうちは、その日の出来事を3〜4つ箇条書きにして、それを英語にする。少し慣れてきたら、それぞれについてもう少し詳しく説明してみる、という具合に進めるのがよい**でしょう。

　人間生きていれば、必ず何かしらの出来事が起こるもの。つまり、自分の一日について話すのであれば、話題には事欠きません。できれば、これを毎日の習慣にしていきましょう。

🔊 audio 6

今日起きたことを 3 つ、英語で表現しよう。

※ 解答例は p. 183

4 自分で撮った写真を題材に

　旅行中に撮った写真を家族や友人に見せながら、旅先で起きたことをあれこれ話すのって楽しいですよね。写真には、それにまつわる思い出や、撮影した背景など、さまざまな「ストーリー」があります。つまり、**写真を題材にすると話しやすいということ。これを利用しない手はありません。**

　皆さん、自分で撮影した写真がスマホなどにたくさん入っているのではないかと思います。目の前に英語ネイティブスピーカーがいると仮定して、こうした写真 1 枚 1 枚について、英語で説明してみるのも良い練習になります。

This is a picture that I took when ... (これは……したときに撮影した写真です) や、This is my nephew Tatsuya. (これはおいっ子のタツヤです) などの文で始めて、撮影時のエピソードや被写体についての情報などをトピックに、英語で説明してみましょう。最初のうちは、写真 1 枚につき 2 〜 3 文程度で結構です (This is my nephew Tatsuya. He is 6 years old. The box he is holding was a present from me on his fifth birthday. など)。慣れてきたら、もう少し長く話してみましょう。

Exercise

🔊 audio 7

自分で撮影した最も思い出深い写真を 1 枚選び、
それについて英語で話してみよう。

※ 解答例は p. 183

Q7

一人で会話練習をする コツは？ その③

5 質問に答える

　一人で英語を話す場合、話しやすいテーマを選んだ方がよいということは、お分かりいただけたでしょう。「話しやすさ」という点では、何らかの質問があって、それに答えるというのも手っ取り早い方法ですよ。ただ、常に質問を投げ掛けてくれる人なんていませんから、問いは自分で作る必要があります。

　白紙のカードを用意して、そこに思いつくまま質問を書きましょう。「犬と猫、どっちが好き？」「宝くじで1億円当たったら何をする？」「人生で一番悲しかったことは？」など、日本語で結構です。ある程度たまったら、カードを裏返して1枚選び、そこに書かれた質問に英語で答える練習をしましょう。質問を作る際には、できるだけ自分個人に関するものを入れるとよいですよ（例えば僕なら「どうしてキュウリが嫌いなの？」「学生時代、George と呼ばれていたのはなぜ？」など）。その方が、カードを引いたときに答えやすくなるため、結果的に良い練習ができます。

こうした単純な質問に答えるだけでは物足りなくなってきたら、**いわゆるディベートで扱うようなトピック**を利用してみましょう。「debate topics」などのキーワードで検索すると、たくさんヒットします。"Is the death penalty appropriate?" や "Is television an effective tool in building the minds of children?" などのテーマ関して、自分の意見を述べてみましょう。

　質問に答えるなら、「Yahoo! Answers」などのウェブサービスを活用するのもよいですよ。日本では「ヤフー知恵袋」として知られているサービスで、ある人が投稿した質問に別の人が回答し、それを閲覧できるサイトです。ここには膨大な数の質問が寄せられていますので、その中で特に気になったものについて英語で答えてみましょう。

　質問はさまざまなカテゴリーに分類されていますが、最も答えやすいのが「Family & Relationships」ではないでしょうか。文字通り、人間関係に関する質問が集まっています。"I'm 17 and my boyfriend is 61. What do you think?" のようなものもあり、僕のように娘を持つ父親は一言言ってやりたくなります。ほかのユーザーの答えを見て、表現方法を参考にすることもできますし、会話練習にはおすすめの方法です。

⑥ 海外ドラマの内容を要約

　やや上級者向けですが、海外ドラマを視聴したら、その内容を英語で要約してみましょう。要約の際には、(``Then he said ...'' のように) 登場人物のせりふを自分でも言う機会があり、これによって「(せりふを聞くという) インプット」と「(それを自分で使うという) アウトプット」を同時にできるので、非常に効果の高い学習法です。このように海外ドラマは「見る」「要約する」「気に入ったシーンを録音する (p. 057 参照)」など、多方面から活用しましょう。

　以上、一人で会話練習する際のコツをお伝えしてきましたが、練習中に必ず「言いたいのに言えない表現」が出てくるはず。それは表現力を伸ばすチャンスですから、p. 082 でお伝えした通り、必ず辞書などで調べてノートにメモするようにしましょう。

アルバニアのおじさんが教えてくれたこと

　僕は大学卒業後、しばらくオーストラリアに住んでいたことがあります。そのころの話です。ある日バスに乗ると、後ろの席で友達の Silvia が、酔っ払いのようなおじさんにからまれているではありませんか（そのときは、そんな風に見えたのです）。女友達がからまれている場面に遭遇したら、助けるのが男というもの。勇気を振り絞って、おじさんと彼女の間に割って入り、"Excuse me. Can I help you with something?" と、まずは丁寧な口調でおじさんに問い掛けたところ、意外にも「あっ、日本の方ですか?」と流暢な日本語で返されました。

　聞けば、おじさんはアルバニア共和国からの移民。移住後に専門学校で外国語を勉強し、英語をはじめ、日本語、スペイン語、フランス語など 8 カ国語をマスター。現在はドイツ語を学習中なので、スイスのドイツ語圏出身の Slivia が持っていたドイツ語の本を見て、会話の練習を兼ねて話しかけてみたそうです。

　「そうとは知らず、勝手に悪人扱いしてすみませんでした」と心の中で謝り、せっかくなので、おじさんに外国語を習得するコツを聞いてみました。彼の答えは「とにかく、ミスを恐れずにたくさん話すことだ。ミスをすれば、みんなに笑われるかもしれない。でも、それって私のミスでみんなが楽しんでくれたということ。良いことじゃないか」。

　これは、今でも僕の中で忘れられない言葉になっています。皆さんの中に、「今はまだ英語に自信がないから、もう少しできるようになったら積極的に英語を使おう」なんて考えている人はいませんか? できるようになったら使うのではなく、使うからできるようになるのです。このことを、アルバニア移民のおじさんは教えてくれました。

Chapter

5

the japan times | The New York Times
International Edition

最大 定期購読が **25%** OFF

ジャパンタイムズは、日本を世界に
正しく伝える信頼高き英字新聞
として、外国人はもとより
日本人にも愛読されています。

国内編集の*The Japan Times*と
*The New York Times*国際版をセットでお届けします。

新聞のお届けは日本国内
のみとなります。

エリアによっては新聞の発行日に
お届けできない場合がございます。

日曜日は The Japan Times On Sunday を
お届けします。

the japan times
OnSunday The Japan Times 日曜版

只今 定期購読が **10%** OFF

最新のニュースだけでなく、国内外で
話題になっている出来事や社会問題に切り込む
特集など、読み応えある記事が満載。

「ライティング力」の伸ばし方

Chapter 4 では、表現力の中でも会話力に焦点を当てました。
ここでは会話と並ぶ発信系のスキル
「ライティング力」を伸ばす方法について説明しましょう。

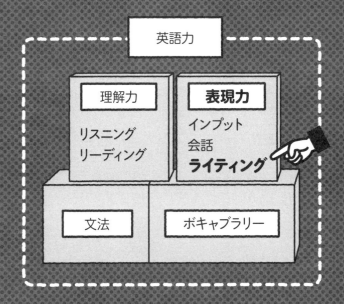

「ライティング力」の伸ばし方

Q1
スピーキングができれば ライティングもできる?

　スピーキングもライティングも、どちらも自分の言いたいことを表現するスキルですから、その点で言えば、両者に大きな違いはありません。もちろん、日本人というだけで誰もがしっかりした日本語の文章を書けるわけではないのと同じように、たとえ英語がそこそこ話せても、TOEFL® や IELTS で出題されるようなアカデミックライティングに対応できない人もいます。

　ただ、これはフォーマルできちんとした文章を求められる場合の話。**基本的には、英語をしっかり話せる表現力があるのなら、書くこともできる（または書けるようになるポテンシャルは十分に持っている）と考えてよいでしょう。どちらも表現力が必要という点では共通している**からです。

　ただ、スピーキングとライティングの違いとして確実に言えることは、**ライティングの方が明らかにシビア**です。会話の場面では、言い直すこともできるし、文の形でなくても単語を並べるだけで意思を伝えることも可能。言葉に詰まったら、相手がこちらの言いたいことを察して助け舟を出してくれることもあるでしょう。さらに、ジェスチャーや表情なども含めてコミュニケーションを取ることができます。

一方、顔の見えないライティングでは、文字情報のみで言いたいことを伝えなければならず、書いた英文が最終形である必要があります。そのため、正確性が要求されるのです。1つ例題を出しましょう。

Chapter 5

Exercise

次の日本語を英語に訳そう。

「彼女は爪を噛むという嫌な癖がある」

Chapter 6

　1つの解答例ではありますが、She has a nasty habit of biting her nails. と書くことができます。「癖」は habit であり、「～するという癖」は habit of doing です。もしスピーキングであれば、たとえこの habit of doing という形が出てこなくても、Ah ... she has a nasty habit ... you know, she is always biting her nails ... and I don't like it. のように、「寄り道」しながらも同じ内容を伝えられるでしょう。

Chapter 7

　ところが、ライティングでは habit of biting her nails と正確に表現することが求められるのです（「ほら、あの、分かるでしょ」を意味する you know なんて使うことはできません）。だからこそ、ライティングはスピーキングよりもシビアであり、伸ばすのが難しいスキルだと言えるでしょう。

Chapter 8

「ライティング力」の伸ばし方

英語が書けるようになるには、どうしたらいい？ その①

　ライティングの力を伸ばすのは容易ではないのですが、僕がおすすめするのは、次の4つの方法を実践することです。

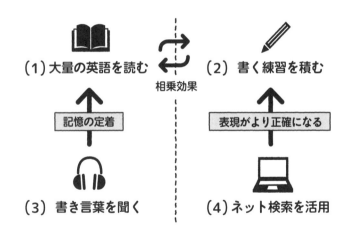

（1）大量の英語を読む　⇄　（2）書く練習を積む
相乗効果

記憶の定着　↑　表現がより正確になる　↑

（3）書き言葉を聞く　｜　（4）ネット検索を活用

それぞれ、具体的に説明していきましょう。

1 大量の英語を読む

　ここであらためて、インプットとアウトプットの話に戻りましょう。そもそも英語に触れていなければ、使えるようになりませんね。英語を書けるようになろうと思ったら、やみくもに書く練習を繰り返しても、あまり効果は上がりません。**まずはネイティブスピーカーの書いた英文を大量に読むことから始めましょう。そうすることで初めて、ライティングにふさわしい表現などが身についてきます。**

　また、ここでもアクティブな姿勢をもってインプットをすることが大切（p. 058 参照）。ただ英文を読むだけでなく、「自分が英語を書くとしたら、この表現は使えるな」という視点を持つことで、表現や言い回しの吸収効率が大きくアップします。

2 書く練習を積む

　大量に読んだうえで、書く練習を繰り返すのが最も効果的です（具体的な練習方法はこの先でお伝えします）。

　「読む」と「書く」、両方に取り組むことで相乗効果も生まれてきます。まず、読んでいればそれだけ書くときに使える表現が増えていくし、**普段書いている人は英語に対する感度が良くなり、インプットの効率も上がります。**

　後者について説明すると、英語を書く練習を繰り返していると「自分が書けないこと」が明確に分かるようになってきます。こうした状態で英文を読むと、「おっ、この使い方は自分にはできないな。ぜひ覚えておこう」という具合に、普段書いていない人が見落としてしまうような英文中の細かい点にまで目が行くようになります。その結果として、表現力の伸びも速くなるというわけです。

Q3

英語が書けるようになるには、どうしたらいい？その②

3 書き言葉を「聞く」

これも、Chapter 3 でお伝えした通りです（p. 066 参照）。英文の中には、覚えていれば自分が英語を書くときに応用できるような重要表現がたくさん詰まっているのですが、一度読んだだけでそれを記憶に留めておくのは至難の業。そこで、書き言葉を読み上げた音声（書店に行けば、こうした教材が大量に見つかるはず）を繰り返し聞くようにしましょう。**これによって、読んでいるだけでは忘れてしまうような表現を記憶に定着させることができます。**

英語が書ける人は、ゼロから文を組み立てるだけでなく、かなりの頻度で自分がすでに知っている文を少しアレンジしながら英文を書いています。つまり、さまざまな英文の「型」が頭に入っているのです。この英文の「型」を頭に豊富に入れるためにも、繰り返し英語を聞くのが有効です。

4 ネット検索を活用

英語を書く練習をする際には、ネット検索を活用するのがおすすめ。書いているうちに、「この表現は英語として自然なのだろうか」「この2つの言い方のうち、どちらが一般的なのだろうか」という疑問が生じることがありますよね。もちろん、そのたびにネイティブスピーカーに質問するのが理想ですが、疑問に答えてくれるようなネイティブが身近にいないという人が大半でしょう。

そんなときは、**Googleなどの検索サイトでその表現を検索してみましょう。ヒット件数を見ることで、どれだけ一般的に使われているのかを知ることができます。**僕が仕事で英語を書く際には、必ずこの方法を使います。検索しながら英語を書くことで、少しずつ表現が正確に、そして洗練されたものになっていきますよ。

その際に注意してほしいのは、検索する文字列を「" "」(クオーテーションマーク) で囲むこと。例えば thick fog (濃い霧) という表現の使用頻度を調べる場合、そのまま検索バーに入力すると、thick が使われているページ、fog が使われているページそれぞれがヒットしてしまって正確な計測ができません。"thick fog" と「" "」で囲むことで、この順番で使われている例のみがヒットするようになるのです (詳しくは Google 検索のヘルプを参照)。

ほかのおすすめサイトとしては、「Google Books Ngram Viewer」(https://books.google.com/ngrams) があります。これは Google Books (Google による本のデータベース) 内を検索できるサービスで、年代別の比較も可能です。例えば「Nazi (ナチ党員)」と入れてみると、1940 年代に急激に使用頻度が高まっていることが分かります。複数の表現をカンマで区切ることで、それぞれの使用頻度の比較もできる大変便利なサイトです。

Exercise

「激しい雨」と言いたいとき、strong rain と heavy rain では、どちらが一般的な表現だろうか。Google 検索や「Ngram Viewer」を利用して調べてみよう。

書けるようになるには、
どんな練習をすればいい?

ライティング力を伸ばすための 4 つのポイントについては、お分かりいただけたと思います。基本は、しっかり読んだうえで、書く練習を積むこと。それでは、具体的にどんな練習をしたらよいのでしょうか。これについては、**Chapter 4 の「一人で会話練習をするコツは?」(p. 083 ～ p. 091) で紹介した練習法を、ライティングに取り入れてみるとよい**でしょう。

例えば、今日の出来事を英語で「話す」のならスピーキングの練習になるし、日記のように英語で「書く」ならライティングの練習になります。話すのにも書くのにも表現力は必要ですし、紹介したのは表現力を伸ばすための方法ですから、どちらにも使えるのです。もしライティングを重点的に伸ばしたいなら、「書く」方を多めにするとよいでしょう。

Chapter 4 で紹介した練習法の中で、特にライティング用として
おすすめなのが「海外ドラマの要約」です。**例えば『Friends』の
ような有名なドラマであれば、オンライン百科事典の「Wikipedia
（英語版）」に、各エピソードの内容を要約したものが掲載されて
います。**まずは自分で要約を書いてみて、その後 Wikipedia に掲
載されているものを「模範解答」として参考にすることができるの
です。以下、Wikipedia 掲載の『Friends』Season 1 の Episode
1（つまり第 1 回の放送）の内容紹介文を引用します。

Rachel moves in with Monica, finding
newfound independence after leaving her
fiancé, Barry, at the altar. Chandler and
Joey console Ross after his divorce from
Carol, his wife who turns out to be a lesbian.
Monica falls for a colleague and is crushed to
learn their moment of passion was only a one
night stand.

　わずか 55 words ですが、約 30 分のドラマの内容が簡潔にま
とめられていますね。このぐらいの長さを目安に要約文を書いて
みましょう。finding newfound independence や is crushed to
learn などの構造や表現は、いざ自分で書こうとしてもなかなか
出てこないのではないでしょうか。こうしたものは、ただ読むだけ
よりも、「要約でどう表現したらよいだろうか」と頭を悩ませたあ
とに読む方が、学習効果がはるかに高いです。「そう表現すればよ
かったのか！」という気づきを得ることで、徐々に書く力が伸びて
いきます。

『Friends』だけで 200 以上のエピソードがありますから、練習素材には事欠きません。また、慣れてきたら、鑑賞した洋画のプロットなども英語で書いて、Wikipedia の「解答」と比べてみましょう。

　最後に、「仕事で英文 E-mail を書けるようになりたい」「英語で論文を書けるようになりたい」など、具体的な目標をお持ちの方へアドバイスをしましょう。どんな目的であれ、表現力がなければ何も始まりませんから、地道に書く力を伸ばすしかありません。そのうえで、ビジネスの E-mail なら、業界特有の表現や語彙を覚えていくのがよいでしょう。例えば保険業界にお勤めであれば、「insurance terms glossary」などのキーワードで検索すると、業界で使われる言葉がまとめてあるサイトがたくさんヒットしますよ（terms は「用語」、glossary は「用語集」の意味）。

株式会社ジャパンタイムズは、120 年以上にわたって英字新聞を発行しています。僕は 30 歳のときに、『週刊 ST』(『The Japan Times Alpha』の前身) の編集部員募集の広告を見て応募しました。面接の前に一次試験として英語のテストがあったのですが、出題されたのは、東国原宮崎県知事 (古い!) についての日本語の記事を英訳する問題。当時、勉強のために英字新聞を読んでいた僕は、英文記事では以下の構造がよく使われるという印象があったので、テストでも積極的に使いました。

1 文末に動詞の ing 形をつなげて意味を付け足す

　A bomb went off in a crowded market, killing seven people. (爆弾が混雑した市場で爆発し、7 人を死亡させた) の killing seven people という構造。... and killed seven people と意味はほとんど同じだが、より「大人っぽい」感じが出る。

2 固有名詞のあとに、カンマで区切って説明を加える

　Helen Clark, a former New Zealand prime minister (元ニュージーランド首相のヘレン・クラーク氏) のような構造。who is などを使うより、Helen Clark のあとにカンマで区切って直接説明要素をつなげる方が、よりすっきりした文になる。

3 固有名詞の言い換え

　例えば Paul McCartney のような人名は何度も繰り返さずに、the 77-year-old British singer (その 77 歳の英国の歌手) や the former Beatle (その元ビートルズのメンバー ※メンバーの一人なので単数形) などに言い換える。

　入社後、僕の答案を採点したベテラン英文記者から「基礎がしっかりできていることが英文から伝わってきた」と褒めてもらえました。ライティングでは、まずは英語をしっかり読み込むことが大事だと、そのときに実感しました。

Chapter

6

「文法」が英語習得を
スピードアップ

ここまでで、英語の「理解力」と「表現力」の伸ばし方について
理解できたと思います。
次に、忘れてはならないのが「文法」と「ボキャブラリー」。
この 2 つは、理解と表現の両方に関わる土台のようなもので、
どちらも英語習得には欠かせない大切なスキルです。
「文法」はこの Chapter 6 で、
「ボキャブラリー」は Chapter 7 で扱います。

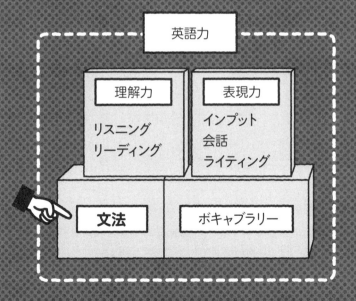

Q1

英語を身につけるのに
文法は必要？

　日本では、文法の評判があまりよろしくないと感じているのは、僕だけはないはずです。「文法なんか勉強したって話せるようにはならない」なんて言っている人、あなたの周りにもいませんか？

　この「文法を勉強しても話せるようにならない」のように、文法と会話を切り離して考えるのは、はっきり言ってナンセンスです。というのも、**そもそも文法とは何かと言えば、その言語の特徴的な「構造」のこと**。英語でも、皆さんが学習した have been ... や which is ... のように、ネイティブスピーカーがよく使う「構造」がありますよね。そうしたものを「文法」という大仰な名前で呼んでいるに過ぎません。

　よく使われる「構造」があるなら、それを知っている方が、英語を理解するときも表現するときも有利になるのは当然です。たまに「文法なんか勉強せずに英語を身につけてやる」といった謎の挑戦をしている人がいますが、これは「ネイティブスピーカーがよく使う構造なんて、一つも知るつもりがありません」と言っているのに等しいこと。単に上達のスピードが遅くなるだけです。これから学習しようとしている言語の構造を知っておくのは、当然のことですからね。

では、なぜ冒頭で紹介したような「文法不要論」が出てくるので
しょうか。これは単にイメージの問題だと思います。かつて主流で
あった、いわゆる「文法訳読式（英文を読んで、その内容理解や文
法解説に重点を置く教育法）」への反省から、「コミュニケーショ
ン＝善」「文法の勉強＝悪」という単純な二元論が生まれ、その結
果、いかにも「お勉強」といった感じのする文法がやり玉にあげら
れたのでしょう。

　「日本人はこんなに熱心に、時間をかけて英語学習をしているの
に（この前提自体がおかしいのですが……）、英語が話せない。こ
れは文法なんか勉強して会話の練習をしていないからだ」という
考えが、まさにこの二元論を象徴しています。もちろん「文法しか
勉強しないと会話はできるようにならない」なら正しいのですが、
「文法なんて勉強しているから会話ができるようにならない」は、
ポイントがずれています。英語では、文法を学習することも、学ん
だことを生かして会話などの実践的な練習をすることも両方大切。
結局はバランスの問題で、どちらか片方を選択するものではない
のです。

　それから、英語での表現力が高い人が、あまり文法的なことを
意識せずにスラスラ英語を話している、ということも「不要論」に
拍車をかけているのかもしれませんね。詳しくは後述しますが、
英語をスラスラ話せる人が文法を意識しないのは、意識しなくて
も発話できるレベルまで達したからであって、文法が不要であるこ
との裏付けにはなりません。そこのところを勘違いしないようにし
ましょう。

英語に触れているうちに
文法は自然と身につく？

　赤ちゃんは勉強なんかしなくても、自然と母語を話せるようになっていきます。そう考えると、外国語の習得にも文法の勉強は不要ではないかと思われるかもしれません。結論から言うと、**「触れているうちに自然と身につく」というのは、子供ならOKですが、大人にとっては非効率的**です。

　皆さんもご存じの通り、母語であれ外国語であれ、子供は語学習得の天才です。これについてはいろいろな研究や意見がありますが、少なくとも大人と比べて子供の方が習得のスピードが速いというのは間違いないでしょう。仮に、僕が幼い娘2人を連れて、家族でポーランドに移住するとします。今の段階では誰もポーランド語がまったくできませんが、僕は娘たちより速くポーランド語を習得する自信がありません。おそらく彼女たちは現地の幼稚園に通ったり、友達を作ったりする中で、どんどんポーランド語が上達していくことでしょう（幼いうちからバイリンガル環境に置くことによる弊害を指摘する人もいますが、あくまで単純な仮定の話です）。

　でも、**大人が子供に勝るものが一つだけあります。それは物事**

を論理的に考える力です。「ポーランド語の疑問文はこのような構造をしている。だからこの文もこうすれば疑問文になるのではないか」という具合に、大人には構造を出発点にして、その言語のことを理解していく力があるのです。この力を利用しない手はありません。つまり、大人の学習にこそ、文法が有効なのです。

「自然と身につく」的な論調が流布する原因は、やはり前ページの「文法の勉強＝悪」というイメージではないでしょうか。英語に触れながら自然と文法的な素養を身につけるだなんて、一見スマートな感じがしますよね。でも、そもそも「文法を自然と身につける」というのは、英語に大量に触れたうえで自分なりにルールを一つずつ見つけ出していくという、まるで言語学者のようなハードな研究が要求されるのです。そんなことをするより、「過去から現在まで続いている動作には〈have been + doing〉の形を使います」と教えてもらった方が早いですよね。わざわざ自分でルールを探し出さなくてもいいように、先人たちが「英文法」という英語の構造の「ルールブック」を作ってくれているのですから、時間を短縮するには、これを利用するのが賢いやり方です。

最後に余談ながら、冒頭に書いた「赤ちゃんは勉強なんかしなくても……」という話も、子育て経験のある人ならうそだと分かるでしょう。確かに机に向かうような勉強はしないものの、子供は大人の言うことをじっと聞いて、覚えた言葉を自分でも使ってみて、少しずつ表現できる範囲を広げていきます。つまり（仮に1日12時間寝ているとして）毎日12時間、語学の集中レッスンを受けているような状態。しかも脳は大人の何倍も優秀です。こう考えると、子供の母語習得と大人の外国語学習は、単純に同列には語れないことが分かると思います。

Q3

文法を学ぶメリットは何？

　英語には、いわゆる4技能（スピーキング、リスニング、ライティング、リーディング）がありますが、文法とChapter 7で扱うボキャブラリーは、そのすべてに関わってくる「土台」だと考えましょう。そのため、この土台がしっかりしているかどうかで、4技能の伸びるスピードが違ってきます。

　想像してみてください。文法・ボキャブラリーの力が全然ない人が、リスニングの練習をしたとしましょう。ボキャブラリーが少ないため、聞こえてくる英文は知らない単語だらけです。また、文法の力もないため、その英文を文字で読んだとしても理解できない箇所がかなりあります。こんな状態で聞く量を増やしても、効果は期待できないというのがお分かりになると思います。

　一方、土台さえしっかりできていれば、あとは練習あるのみ。聞く量を増やせば、リスニングの力はどんどん伸びていきます。これはほかの技能にも言えること。土台がぐらついているところに家が建てられないのと同じように、文法・ボキャブラリーの力が弱ければ、4技能の力を積み上げていくことはできません。「話す」「書く」「読む」の練習の際にも、文法・ボキャブラリーが原因でつまずくことが少なくなれば、当然、練習の効率は高まります。

同時に英語学習を始めたのに、比較的スムーズに伸びる人と、いつまで経っても変化のない人がいますが、その違いは往々にして、土台がしっかりしているかどうかにあるのです。

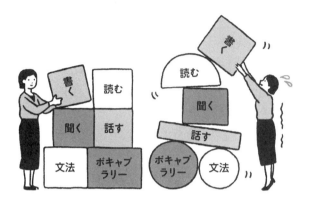

　僕自身、割と短期間に英語力をアップさせることができたという自覚があります。その要因は、文法・ボキャブラリーの力がそれなりにしっかりしていたからだと言えます（大学受験時に、浪人までして結構勉強したので）。英語学習を本格的に始めた大学生のころはリスニングが苦手でしたが、聞いて分からない英文でもスクリプトを読めば理解することができました。つまり、単に耳が慣れていなかっただけ。英語を聞く時間を増やしたら、それに比例してリスニングの力も伸びていきました。

　このように、文法・ボキャブラリーは4技能すべてに関わるスキルであるため、ここを鍛えることで、4技能が伸びていくスピードも速くなります。これが文法を学び、ボキャブラリーを増やす最大のメリットだと言えるでしょう。

そのため、文法・ボキャブラリーに自信のない方は、この2つに集中して取り組むことをおすすめします。目安としては、最低でも中学卒業程度（英検®3級）の力は必須。できれば高校卒業程度（英検®2級）の力があれば安心です。ただし、ボキャブラリーに関しては、大人向けの文章を読んだり聞いたりしようとすると、高校卒業レベルを超えた単語に出くわす機会が多くなります。そのため、上級を目指す方であれば英検®準1級、さらには1級レベルまで増やしていくことを目標に取り組みましょう。

　ところで、中学英語と高校英語のレベルは具体的にどう違うのか。卒業してだいぶ経つので忘れてしまったという方もいるかもしれませんね。文法に関して言えば、ほとんどの文法事項は中学で学習します。高校で初めて扱う事項は、仮定法（If I won the lottery, I would buy a new car. のような形）や分詞構文（Having nothing left to do, Ken went home. のような形）など、ごく一部です。高校では、中学で習った「入門編」の英文法をより深めると考えておきましょう。

　can という助動詞を例に取りましょう。中学では He can run fast.（彼は速く走ることができる）など、ごく基本的な用法を学習しますが、高校ではさらに発展して、That can't be true.（それが真実であるはずはない）や The storm could get worse.（嵐はさらにひどくなる可能性がある）など、それ以外の用法も理解できるように学習範囲を広げていきます。また、高校では当然リーディングやライティングのレベルも上がるため、学んだ文法事項を、より複雑な文脈で理解したり運用したりすることが求められるのです。

一方、ボキャブラリーについては、中学では 1,600 ～ 1,800 語、高校では 1,800 ～ 2,500 語を学習するとされています。中学では（もちろん、その前の小学校でも）比較的平易な単語を学びますが、高校になると affect（～に影響を与える）、frequency（頻度）など、より抽象度が高くて難解なものが出てきます。こうした単語を CEFR（語学力のレベルを示す国際標準規格）ごとに分類したウェブサイト（CEFR-J http://www.cefr-j.org/index.html）もありますので、どの単語が中学レベルで、どの単語が高校レベルかといったことに興味のある方は参考にしてください。

　さて、中学レベルと高校レベルについていろいろと説明してきましたが、こうしたレベル感をつかむには、実際に文法やボキャブラリーが使われた例を見るのが一番です。英検®はウェブサイトで過去問を公開しているので、ぜひ 3 級と 2 級の問題を見てみましょう。高校卒業レベルの英語力を目指す方であれば、2 級で求められていることができれば大丈夫という具合に、一つの目安になりますよ。

「文法」が英語習得をスピードアップ

文法を学んでも話せるように
ならないのはなぜ？

　皆さんの中には、次のように思われた方がいるかもしれません。「文法が大切であることは分かった。でも、中学・高校で文法を学んだのに全然英語を話せるようにならなかったぞ」。ここでは、なぜこのようなことが起こるのかを考えていきましょう。

　実は、文法において「ある文法事項を頭で完璧に理解する」というのはゴールではありません。山登りに例えるなら、単に五合目ぐらい。**文法には「頭で理解する」よりも、さらに上のステージが存在するのです。それが「その文法事項を自分でも使いこなすことができる」という段階。ここまで至って初めて、ゴールに達したと言うことができる**のです。

　日本人は、文法的な知識をしっかり持っている人が多いように思われますが、そうした人に「あなた、その文法事項を会話で使いこなせますか？」と聞くと、途端に自信がなくなってしまいます。一体、どうすれば五合目を越えて「頂上」に達することができるのか？ それには、**使いこなせるようになるための練習が必要**です。日本人に欠けているのは、まさにこれです。

多くの方が中学・高校で文法を学びます。この段階では、文法は頭の中の知識、つまり「五合目」にあるだけ。それなのに、学んだ文法事項を使いこなすための練習をする機会がないまま、学校を卒業してしまいます。これでは、文法を学んだ恩恵を感じることができません（このあたりも、「文法不要論」の一因となっているのかもしれませんね）。

少し厳しい言い方になりますが、文法が五合目で止まっているようでは、はっきり言って意味がありません。文法は「使いこなせる」という頂上に至って初めて真の効果を発揮するのですから、「文法を学んだのに全然英語を話せるようにならない」という方は、ほぼ100％の確率で、文法が頭の中の知識で止まってしまっているということです。

ですが、あきらめることはありません。逆に、頂上を目指して使いこなす練習を積んでいきさえすれば、文法は確実に大きな武器になるのです。

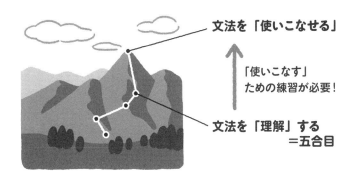

文法を「使いこなせる」

「使いこなす」
ための練習が必要！

文法を「理解」する
＝五合目

「文法」が英語習得をスピードアップ

文法を使いこなせるように なるための練習法は？その①

　文法は頭で理解するだけではダメで、自分でも使いこなせるようにならなければいけない、ということはご理解いただけたと思います。続けて、使いこなせるようになるには、具体的にどんな練習が必要なのかを説明していきましょう。特に一人で気軽にできて、なおかつ効果の高い練習方法を 3 つご紹介します。

1 例文の音読

　1 つ目は、文法書に掲載されている**「例文の音読」**です。皆さんが文法書を購入したら、まずはそこに書かれた説明を読んで、各文法事項について理解しようとしますね。ただ、大変もったいないことに、ほとんどの人がこの段階でやめてしまいます。もう皆さんには、これの何が問題なのか分かりますね。理解しただけで終えてしまったら、しょせん文法は頭の中だけの知識（＝五合目）で終わってしまうのです。

　そこで必要になってくるのが、各文法事項の説明に付属している例文の「音読」です。五合目にいる人は、せっかく知識があるのに、それが使えない。つまり、頭と口がまだつながっていない状態

です。そういう方はぜひ、「理解したら声に出す」ということを習慣づけてみましょう。こうすることで、頭の中にある文法の知識を使った英文が、口から出やすくなりますよ。つまりこれは、**知識としての文法を体に覚え込ませる活動**なのです。こういう練習を積み重ねないと、五合目を脱することはできません。

それでは、次のエクササイズをやってみましょう。

Exercise

🔊 audio 8

次の英文を 10 回ずつ音読しよう。

- Do you know what time it is?
- Could you tell me where I can find toothpaste?
- I have no idea how she feels about me.
- The teacher asked me when it happened.
- I wonder why he changed his mind.

「今何時ですか」は What time is it? ですが、これが know の後ろに回ると it is という語順になることはご存じだと思います。ただ、知っているのと使えるのとは別物。会話の際に、頭の中でいちいち英作文することなく素早く発話できるようになるためには、日頃からこうした文を音読することが必須です。実際に音読してみて、いかがでしたか? この文法事項が使われた文がスムーズに発話できるようになる実感が得られたのではないでしょうか。

ちなみに、文法書として僕がおすすめしたいのは、『English Grammar in Use』(Cambridge University Press)。会話で使えそうな例文がたくさん載っているので、音読練習の素材に最適です。

Q6

文法を使いこなせるようになるための練習法は？その②

2 置き換え英作文

　続けてご紹介したいのは、文法書の例文を使った**「置き換え英作文」**という練習法です。例えば、If I could fly, I would travel around the world.（もし空を飛ぶことができるなら、世界中を旅するだろう）という文が文法書に載っているとします。ご存じ「仮定法」ですね。ごく簡単に説明すると、主に現実とは異なることを仮定するときに、下線で示したような構造を用います。

　さて、p. 110で説明した通り、文法とは〈If I could ..., I would ... 〉のような「構造」のこと。これについて、こんなことを言う人がいます。「文法は便利だ。〈If I could ..., I would ... 〉のような構造さえ頭に入れておけば、あとは単語を入れ替えるだけで無限の表現が可能になるのだから」。確かに理論上それは正しいのですが、皆さんも経験から分かるように、こうした構造は習った直後から完璧に使いこなせるような甘いものではありません。**実際に、自分でもその構造を使って文を作り出していくという経験が必要**なのです。

そこでおすすめしたいのが、〈If I could ..., I would ... 〉という
骨組みはそのままに、使われている単語を置き換えて自分で文章
を作ってみるというエクササイズ (置き換えて作文するから「置き
換え英作文」と僕が名付けました)。構造を学んだらそこで終わり
にせずに、それが使われた例文を音読し (前ページ参照)、さらに
その構造を使って文章を作る練習をすることで、自分でも使えるよ
うになるというわけです。

このエクササイズは、ただ作文するだけでなく、「ロマンティッ
クな口説き文句にしてみる」のようなテーマを加えた方が楽しく取
り組めますよ。例えば仮定法であれば、If I could rearrange the
alphabet, I'd put "U" and "I" together. (もしアルファベットを並
び替えることができるなら、U〔You と掛けている〕と I を一緒に
するよ) や、I wish I could go back in time to love you longer.
(君をもっと長く愛するために時をさかのぼれたらいいのに) のよ
うな文です。友達同士で集まって、誰が一番歯の浮くようなせりふ
を作れるか競い合ってみても楽しいかもしれません。やや上級者
向けではありますが、一つの方法として参考にしてください。

「作った文が英語として不自然かもしれない」ということは、こ
こではあまり心配しなくてよいでしょう。そもそも、これは構造を
自分で使ってみる練習であって、作った文にささいな間違いがある
かどうかは大きな問題ではありません。何が自然で何が不自然か
ということは、大量の英語に触れているうちに徐々に分かってくる
もの。細かいことは気にせずに、どんどん文を作りましょう。「間
違うかもしれないから作らない」という姿勢では、いつまでたって
も自分で文を作れるようになりませんよ。

Exercise

次の文の下線部以外を、自分の言葉に置き換えて文を作ってみよう。

[1] If he <u>had</u> worked harder, he <u>would have</u> passed his exam.

[2] <u>It's been</u> almost five <u>years since</u> I last saw Owen.

[3] <u>When</u> we arrived at the party, Grace <u>had already</u> gone home.

※ 解答例は p. 183

Q7

文法を使いこなせるように なるための練習法は？その③

3 学んだ文法の観察

　もう一つ、「頂上」に達するために必要なことがあります。それは、**「学んだ文法の観察」**です。文法の「観察」だなんて、聞いたことがないかもしれませんね。

　皆さんの中に a と the の使い分けが得意だという方は、おそらくいないのではないでしょうか（いたら、ごめんなさい）。日本語には（英語のような形では）a や the のような冠詞はありませんから、理解するのが難しいですよね。僕も、この仕事をするまでは苦手でした。でも今では、ほぼ 100％の確率で正しく使う自信があります。それは、徹底的に「観察」したからです。

　英字新聞のエディターの仕事の一つに、校正があります。記事を読んで間違ったところがないかどうかチェックするのですが、**校正の際に a と the が出てくるたびに印をつけて、なぜそこは a/the が使われているのかを考えるようにしました。その結果、学生時代に学んだ a/the の使い方のルールが、身にしみて分かってきた**のです。冠詞の使い方のように複雑な文法は、基本のルールだけ覚えても、完全には理解できません。こうした「観察」を繰り返

すことで、初めて身につくのです。

　それでは、次のエクササイズで観察の体験をしてみましょう。

文中の冠詞に注目し、なぜ a/the が使われているのかを考えよう。

This is what happened on ❶the first day of my trip to Denver. I took ❷a taxi from ❸the airport to my hotel. ❹The fare was $19.50. I handed ❺the driver ❻a $20 bill and got out of ❼the cab. I was going to tell him to keep ❽the change, but he immediately closed ❾the door and drove away before I could say anything.

　原則として、相手にとっての新情報には a を、何を指しているのか明らかな場合は the を用います。これを踏まえて見ていきましょう。まず❶ the first day のところ。「始まり（beginning）や終わり（end）のように一つしかないものは何を指しているのか明らかだから the をつけると習った。first day（初日）も同じ理由で the を使っているんだな」という具合に、「理由」を考えることが大切です。

では、これ以降も順番に観察していきましょう。

❷ taxi の話は初めて出てきたから a taxi だ。

❸ 最寄り駅のことを指すときは（相手も同じ駅を想定しているから）the station を使うと習った。同じ理由で the airport となっているんだな。

❹ これは一般的な fare（運賃）ではなく、この人がホテルまで乗った特定の運賃。こういう場合は the を使うのか。覚えておこう。

❺ タクシーの話があったうえでの driver だから、もちろんこのタクシーの運転手であるのは明白。だから the driver だ。

❻ 1 枚の 20 ドル札（$20 bill）のように「1 つの」と言うときは a なんだな。

❼ この cab は前の taxi と同じだから the cab だ。

❽ keep the change（お釣りは取っておいて）は、決まり文句としてよく見るな。

❾ このタクシーのドアであることは明らかだから、こんな場合も the を使うのか。

このように観察していくことで、次第に使い方が身についていくのです。

「文法」が英語習得をスピードアップ

Q8

「頂上」に達すると
どうなる？

　これまでの説明で、文法学習では各文法事項の「使い方のルール」を覚えるだけでは不十分だということが理解できたと思います。**ルールを頭に入れることは、あくまで第一歩に過ぎません。これをゴールだと勘違いしないことが大切**です。ルールを頭に入れたうえで、例文を音読する、自分でも文を作り出す、文中で観察するなどの活動を経て、自分でも使いこなすことができるという「頂上」に達することがゴールです。

　それでは、「頂上」に達するとどうなるのか。具体的に説明しましょう。文法を自分でも使いこなせるようになるとは、言い換えると**「自動化」**された状態に達するということ。次ページの図にある通り、最初のうちは正しい文法を使って話すことに意識を取られて、なかなかスムーズに会話ができません（❶）。これは「五合目」で止まっている人の典型的な症状ですね。英語を話すとき、学んだ文法を思い出しながら頭の中で英作文してしまうような状態です。

　勘違いしないでいただきたいのですが、この状態は必ずしも悪いことではありません。発達の段階で誰もが通る道なのです。この状態にある人も、今まで紹介してきた音読などの活動を繰り返

すことで（❷）、学んだ文法が意識することなく自然と口から出てくるようになります（❸）。この状態が「自動化」です。英語のできる人（＝❸の状態に達した人）は文法のことなど考えずに英語を話していますが、それは文法が必要ないからではなく、**練習を通じて文法を意識せずとも使いこなせる状態に到達した**からなのです。

(頂上に達する＝「自動化」)

❶正しい文法で話すことに意識を取られて会話が進まない

❷音読などの反復練習

❸学んだ文法が意識することなく口から出てくる（自動化）

　皆さんも、「仮定法」「関係代名詞」「現在完了」など、たくさんの文法事項を勉強した経験を持っていると思いますが、そうしたものを会話で自由自在に使いこなせたら、一気にコミュニケーションの力が高まると思いませんか？　それを実現しているのが「頂上」にいる人なのです。

　p. 110 で述べたように、文法と会話を切り離して考えるのはナンセンス。なぜなら、**文法を極めた結果、一番伸びるのはコミュニケーション能力**だからです。文法を避けていては、こうした力は身につきません。繰り返します。文法を「味方」につけるのが、英語学習のコツなのです。

Column 文法は「忘れる」ために学ぶもの

　僕は小学4年生のときに、地元の少年野球チームに入りました。入団当初、僕のバットスイングがひどかったため、コーチから付ききりで打撃の指導を受けたのを覚えています。「もっとあごを引け」「脇をしめろ」「腕の力ではなく腰の回転で打て」「スイング時に頭を動かすな」「膝は柔らかく使え」など、さまざまな点について注意を受けました。しかも、こうしたポイントがしっかり守られているかを、打席に入るたびに逐一チェックされるのだからたまりません。当時の僕は、「こんなに意識することが多いんじゃ、バットなんて振れやしない」と、半ば途方に暮れていました。

　そんなひどい状態だったのですが、コーチに言われるがままバットを振る練習を繰り返したところ、ある変化が出てきました。だんだんと、注意を受けたことができるようになってきたのです。最終的には、特に意識せずとも、注意すべきポイントをすべて守ったスイングができるようになっていました。

　結局、文法もこれと同じなんですよね。文法に意識を取られて頭で英作文をしながら話そうとしてしまう（その結果、スムーズな会話ができない）のは、発達の段階で誰もが通る道なのです。最初のうちは文法的なことに意識が向いてしまいますが、反復練習を繰り返すうちに自然と発話できるようになっていきます。そして、最終的に「頂上」に達した人は、会話中に文法を意識することはほとんどありません。これこそが、良い意味で「文法を忘れた」状態です。言い換えれば「頭で意識しなくても、体が覚えている状態」。ここに至るには、反復練習しかありません。

　だから、「文法を意識するから英語を話せない、文法なんてやめればいいんだ」という「文法不要論」に飛びついてはダメなのです。そもそも、意識してできないことを、意識をやめればできるようになるはずがありません。英語でもスポーツでも、うまくなるために必要なのは、やっぱり反復練習に尽きるのです。

Chapter

7

ボキャブラリーの
「正しい」増やし方

ここでは、Chapter 6 の「文法」と並び、
英語の「理解力」と「表現力」の土台となる
「ボキャブラリー」について話をしていきます。

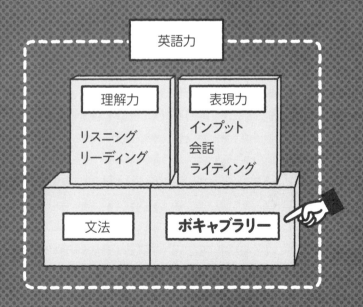

Q1
単語は単語帳で
覚えるのが一番良い?

　ボキャブラリーを増やすために、市販の単語帳を使っている方も多いでしょう。単語帳自体は悪いものではありませんが、載っている日本語訳を覚えるだけでは不十分です。何度も繰り返しますが、英語学習で意識すべきは、ゴールは何かということ。英単語の日本語訳を覚えることはゴールではなく、第一歩に過ぎません。人付き合いでいうなら、日本語訳は、ただ人の名前を知るようなものです。名前を知っただけでは、その人のことを理解したことにはなりませんよね。

　なぜ単語を覚えるのかという目的に立ち返りましょう。それは、英語の「理解力」と「表現力」を伸ばすためです。そのためには、**日本語訳だけではなく、その単語の具体的な使い方までしっかりと理解する必要があります。これが目指すべきゴール**です。

　つまり単語学習には、①「日本語訳を知る」、②「使い方まで理解する」という2つの段階があるということです。例えば、「desk＝机」のように、日本語訳を覚えるだけで使い方もイメージできるような単純な単語もありますが、一方で、ある程度抽象度の高い単語は、日本語訳を覚えても、使い方がイメージできないことが多いのです。

例を挙げましょう。

Exercise

amid（〜の中）を使った例文を作ろう。

　amid は前置詞で「〜の中」という意味を表しますが、この日本語だけ見ていても in との区別がつかないですね。これは例えば、The U.S. president has sent more troops to the Middle East amid tensions with Iran.（米大統領はイランとの緊張状態の中、中東へさらに軍を派遣した）のように、「〜という状況がある中」という〈背景説明〉をするときに使われることが多い語です。こうしたことが、日本語訳を覚えているだけではイメージできない単語の本当の「使い方」です。

※ そのほかの解答例は p. 184

　あらためて言いましょう。「amid ＝〜の中」と日本語訳だけ暗記するのは、英語が使えるようになる学習法ではありません。せいぜい「amid の意味を書きなさい」という単語テストでマルをもらえる程度。理解力と表現力を伸ばすには、「使える語彙」を増やさなければ意味がないのです。そのためにはまず、**単語帳などで英単語の日本語訳を覚えることはゴールではない**という認識を持つことが大切です。そのうえで、「日本語訳を知っている語彙」を「使える語彙」に変えていかなければなりません。

もちろん、分野ごとによく使われる単語が整理されているなど、単語帳ならではのメリットもあります。それに、日本語訳を知ること自体は決して無意味というわけではありません。あくまで単語帳による学習だけでは不十分ということです。単語帳は、次ページ以降で紹介する学習法と併用することで、初めて効果を発揮するものだと考えておきましょう。

ボキャブラリーの「正しい」増やし方

Q2
使える語彙を増やすには どうしたらいい？

　それでは、各単語の使い方をしっかりイメージできるようになるにはどうしたらよいか。必要なのは**「大量の英語に触れる」**ことです。当たり前ですが、その単語が使われている場面に遭遇したことがないのに、使い方をマスターすることなんてできません。

　1つ例え話をしましょう。おじさんが無理して若者言葉を使おうとすると、たいていおかしなことになりますよね。若者は普段からその言葉が使われている状況に身を置いているので、自然に使いこなすことができます。一方で、おじさんはそうした言葉があるという認識を持っているだけで、実際に使われている例にほとんど触れていません。だから、本来の使い方とはズレた意味や文脈で使ってしまうのです。

　英単語の意味だけ覚えるのは、まさにこうした状態。その単語が存在することだけ認識していても、自然な使い方はできないのです。**「覚える」**と**「触れる」**はセットでなければなりません。英語を読んでいるときなどに、単語帳で覚えた単語が出てきたら印をつけて、その使い方を観察してみましょう。どんな文脈で使われているか、どんな語と結びついて使われているか。そうしたことに注意を向けているうちに、その単語の使い方が見えてきます。

「触れる」際におすすめしたいのが、**「すでに知っていることを英語で読んでみる」**ということ。これによって、各単語の使い方が、よりクリアに見えてきます。例えば、映画を見たら、その plot（あらすじ）を英語版の Wikipedia で読んでみるとよいですよ。2016年のヒット映画『ラ・ラ・ランド』を例に取りましょう。ご覧になった方は覚えていると思いますが、映画の冒頭、女優を夢見るミアが大渋滞の中、ジャズピアニストのセブの車にあおられます。その場面を表現した Wikipedia の文を引用しましょう。

While stuck in Los Angeles traffic, aspiring actress Mia Dolan has a moment of road rage with Sebastian Wilder, a struggling jazz pianist.

　実際の場面を思い出しながら読むことで、「ミアは女優を夢見ていたけれど、それは aspiring actress と表現できるのか」「2人は運転中にいがみ合っていたが、そうした状態を road rage と言うんだな」「セブはピアニストとして芽が出ず、仕事でも何かと悩みを抱えていた。あの状態を struggling という語で表現できるんだな」といった具合に、しっかりと使い方のイメージを持てるようになります。

「struggling ＝苦境にあえいでいる」とだけ覚えても、使い方は見えてきません。実際に使われている例に触れることで、初めて「使える語彙」に変わっていくのです。しかも「すでに知っていること」であれば、より具体的にイメージがしやすいはず。そのため、この Wikipedia でプロットを読むという学習法はおすすめです。p. 104 で紹介した「海外ドラマの要約や洋画のプロットを英語で書く」というライティングの練習法と合わせて行えば、書く力も伸びて一石二鳥です。

ボキャブラリーの「正しい」増やし方

Q3

おすすめのボキャブラリーの学習法は？①

　市販の単語帳は、英単語の日本語訳をまとめて覚えられるものの、万能ではありません。次のように、いくつかの欠点があるからです。（一口に「単語帳」と言ってもいろいろありますが、ここでは英単語とその日本語訳のほか、発音や簡単な用例などの情報が載っている一般的なものを想定します）。

> **欠点 1** その単語の「使い方」を学べない。
> **欠点 2** 単語帳に書かれた情報を読んでいるだけでは、頭に定着しない。
> **欠点 3** 自分が知っている単語も知らない単語も載っているので、効率が悪い。

　欠点 1 についてはすでにお伝えした通りですが、ほかに、2 や 3 のような問題もあります。特に 2 については、日頃の学習で実感している方も多いのではないでしょうか。単語帳とにらめっこしてせっかく覚えたと思っても、時間が経ったら忘れてしまう。このやり方では、なかなか定着しないですよね。

そこでおすすめしたいのは、**「音声つきの教材の中から、自分の知らなかった単語だけを集めたオリジナル単語帳」**を作るという**方法**。やり方は、いたってシンプルです。

ステップ 1 音声つきの教材を購入する。

ステップ 2 教材の英文の中から自分の知らなかった単語だけを抜き出す。

ステップ 3 知らなかった単語を集めて自分だけの単語帳を作る。　※ 具体的な作り方は次ページで説明

ステップ 4 音声を何度も聞く。

これなら、英文の中で実際に使われている単語を覚えるので、「使い方」も一緒に学ぶことができます。また、音声を何度も聞くことで、耳からも英文に触れられるため定着の度合いもアップ。さらに自分の知らなかった単語だけを集中的に学べるなど、市販の単語帳の欠点をすべて解消した学習法なのです。

文脈とセットで単語が入ってくるというのも大きいですね。われわれが日本語で新しい言葉を知るときは、たいていそれが使われた状況とセットで頭に入ってくるはず。文脈と切り離した英単語は、言葉ではなく単なる記号ですから、それだけ覚えようとしても定着するはずがありません。

単語帳作りに使用する教材に、p. 048 でお伝えした「多読」「音読」「リスニング」用の教材を活用すれば、さらに効率が上がります。つまり、その教材の英文を「読み」、それを「音読し」、音声を「聞き」、さらにはそこから「知らない単語を取り出して単語帳に加える」といった具合に多角的な活用をするのです。こうして、目だけでなく、耳や口も使いながら何度もその英文に触れているうちに、自然と単語は頭に定着します。それは、**単語を「覚える」というより、その単語が自分にとって「おなじみ」になっていくという感覚**です。

　もちろん、オリジナルの単語帳だけでは語彙数が足りないと感じるようなら、市販の単語帳と併用しても構いません（その場合も、英語に触れるのを怠らないで！）。ただ、僕自身は目の前で使われている単語なら覚える気になるけれど、単語帳で「いつか必要になるかもしれない単語」を無理に暗記するのが性に合わなかったので、この方法でボキャブラリーを増やしてきました。市販の単語帳で効果を感じなかった人は、ぜひ取り入れてみてください。

Q4

おすすめのボキャブラリーの学習法は？その②

　それでは、オリジナル単語帳の作り方をご紹介しましょう。基本的には、自分が見やすいと思うレイアウトで作ればよいのですが、次の要素はぜひ入れたいところです（PCで作ると、あとで検索できるので便利です）。

(単語帳の例)

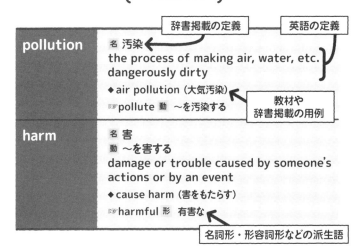

まずは、辞書で調べた「日本語の意味」を記します。これに加えて、英英辞典に掲載されている「英語の定義」も併記するとよいですよ（その理由は後述）。それから「用例」や、名詞形・形容詞形といった「派生語」も入れましょう。英語の定義や派生語に意識が向くので、これを作ること自体に学習効果がありますし、単語が掲載された元の英文に何度も触れながら、ときどき単語帳を見返すことで、確実に頭に定着させることができます。

　単語帳作りに使用する教材選びの基準ですが、知らない単語の割合が 5%〜10%くらいのものを選ぶとよいでしょう。あくまで目安ではありますが、これを下回るものは、少なくとも語彙レベルという点では、簡単すぎます。

　また、ひょっとしたら、自分が教材で出くわした未知語の中には、覚える必要がないようなマニアックなものが含まれているかもしれませんね。知らないからといってすべて単語帳に入れる必要はありません。語彙レベルをざっくりと①「中学校レベル」、②「高校レベル」、③「大学・社会人レベル」、④「それ以上」の 4 つに分けるなら、まずは①と②だけでよいでしょう（余裕があれば③まで覚えたいところです）。

なお、語彙のレベルは辞書で確認することができます。例えば、僕の手元にある『ジーニアス英和辞典 第 4 版』（大修館書店）では、① ***doctor、② **document、③ *dock、④ doctoral のように「*」の数でレベル分けをしています。そのほか、「Weblio」（https://ejje.weblio.jp/）のようなオンライン辞書でも、語彙レベルの確認が可能です。

Exercise

次の単語を使ってオリジナルの単語帳を作ってみよう。

- guilty　- plaintiff　- jury　- witness

なぜ英英辞典を
使うと良いの？

　英英辞典とは、英単語の定義を英語で説明している辞書を指します。それに対し、日本語で説明しているものを英和辞典と呼びます。英英辞典は英語だけで書かれているので、なかなか手が伸びないかもしれませんが、これを使うと単語の**「本質」**が見えてくるのです。

　英和辞典で調べても何だか捉えどころのない単語って結構ありますよね。例として、feature という動詞を見てみましょう。

> ▸ feature
- **The play features several famous actors.**
  その劇には有名な俳優が何人か出演している。
- **The latest model features a more powerful engine.**
  最新モデルは強力なエンジンを搭載している。
- **The exhibit will feature his works.**
  その展覧会では彼の作品が展示される。
- **His new album features Stevie Wonder.**
  彼のニューアルバムにはスティービー・ワンダーが参加している。

見ての通り「出演している」「搭載している」「展示される」「参加している」など、さまざまな訳が出てきてややこしいですが、**大切なのは、単語の「本質」を捉えること。一見バラバラの意味がたくさんあるように見えても、同じ単語ですから、すべてに共通するその語特有のイメージ（言い換えれば、その語の「本質的な意味」）があるはず。それを捉えることが重要**です。

　feature という動詞の「本質」は「〜を（重要な特徴として）持っている、含んでいる」ということです。皆さんおなじみの have や include に「重要な特徴として」というニュアンスが加わったものだと考えればよいでしょう。これを踏まえて、あらためて左の文を見ると、すべてこの意味で考えれば解釈できることが分かると思います。

　それでは、どうすればこうした「本質」に迫ることができるのでしょうか。ここで英英辞典の出番。試しに英英辞典『Merriam-Webster Learner's Dictionary』で feature を調べてみると、「to have or include someone or something as an important part」という、まさにそのものズバリの本質的な意味が書いてあります。

　英和辞典は、英単語の「意味」が載っているのではなく、厳密にはその単語が表すことに最も近いと思われる日本語が掲載されているだけです。当然ながら本当の「意味」とはズレが生じる場合がありますし、そこに書いてある日本語だけですべての用例をカバーできないなどの欠点があります。feature の例文でも種々の訳が見られましたが、実はこうした日本語訳は、文脈によって（それから訳す人によっても）いかようにも変わってしまいます。そして英和辞典は、その中でもよく使われることが多いであろう訳をいくつ

か掲載しているに過ぎないのです。

　文脈が変われば、訳もまた変わってしまいますから、このような日本語訳のパターンを暗記しても、あまりメリットはありません。それよりも、英英辞典で、その単語の「本質」を捉えることの方が大切です。英語で説明してあるからといって敬遠せずに、英英辞典をどんどん活用しましょう。幸いなことに、『Webster』『Longman』『Oxford』など、われわれは多くの辞書のウェブ版を無料で利用できる時代に生きています。特に『Webster』と『Oxford』については、「Learner's Dictionary」という学習者向けのバージョンがあり、ウェブでも利用できるので、こちらを活用していきましょう。

ボキャブラリーの「正しい」増やし方

Q6
知らない単語には
どう対処したらいい?

　まず認識しなければならないのは、外国語である英語において、知らない言葉の数をゼロにするなんて不可能だということです。母語でさえ、意味を知らない言葉がありますよね(僕は20歳過ぎまで「裏番組」とは、昔深夜によく放送していた「お色気番組」のことだと思っていました)。英語を読んだり聞いたりするときに、知らない語句に出くわすのは避けられないのです。

　大事なのは、**言葉の意味を推測できる力**。この力を身につけるのは、単語をたくさん覚えるのと同じくらい大切なことです。こうした推測は、母語であれば日常生活の中で当たり前のように行っているはずですよ。

　例えば、僕が編集長になりたてで、社内の管理職が集まる会議に出席したときのこと。こんな発言を聞きました。「コストが上振れてしまう」。よくよく考えたら、それまでの人生で「ウワブレル」という言葉を一度も聞いたことがなかったのですが、日本人ならたいてい意味は分かりますよね。「ウワ(上)+ブレル(振れる)」だから「上に振れてしまう」。しかも今はコストの話をしているから、「コストがかかり過ぎてしまう」という意味ではないかと理解して

会話を進めるのが普通です。未知の言葉が出てくるたびに、「すいません、ウワブレルって聞いたことないのですが、どういう意味ですか?」のように、いちいち話を遮って質問するなんてしませんよね。

このように母語であれば、たとえ知らない言葉であっても、字面や文脈などから意味を推測することができるはずです。言い換えるなら、**言葉を「知っているか、知らないか」ではなく、「分かるか、分からないか」という観点で捉えている**わけです。

ところが、多くの日本人は、英語を前にすると「知っている／知らない」という観点で単語を捉えてしまいます。すると、「知らない単語＝分からない単語」になりますから、結果的に英語の理解力も下がってしまいます。冒頭に述べた通り、知らない単語をゼロにするなんて不可能です。だからこそ、推測できる力があるかどうかで、英語の理解力に大きな差が出てくるのです。

「知っている／知らない」という観点で単語を捉えているうちは、リーディングなどで知らない語句に出くわすたびに、どうしてもそこで立ち止まってしまいがちです。母語と同じく、「正確な意味を知らなくても分かればよい」というスタンスで英語に臨めるようになると強いですよ。多少知らない単語があっても、どんどん読み進められるようになります。次ページからは、推測するための具体的な方法を紹介していきます。

最後に、推測するためには「それなりにボキャブラリーがある」ということが条件です。知らない単語だらけの状態では、そもそも文脈から推測しようにも、その文脈が理解できません。ですから、地道にボキャブラリーを増やす努力は続けていきましょう。

ボキャブラリーの「正しい」増やし方

知らない単語の意味を推測する方法は？ (1)

　ここからは、単語の意味を推測するためのアプローチ方法を紹介していきましょう。文脈からの推測に、次の方法を組み合わせれば、知らない語句の意味が見えてくる確率がぐっと高まります。

1 単語の「パーツ」から推測する

　まずは単語の「パーツ」をヒントにして考える方法から説明します。漢字にはそれぞれ意味を持った「部首」がありますよね（例えば「さんずい」は水に関係した意味を表すなど）。同じく、**英単語にも特定の意味を表すパーツがある**のです。

Exercise

次の単語の意味を考えてみよう。

• enlarge　• enrich　• sharpen　• sicken

　何だか難しそうな単語が並んでいますが、共通する「パーツ」が見えると思います。最初の2つは前に、あとの2つは後ろに「en」

がついていますね。実はこれ、「動詞を作る」という働きのあるパーツなのです。これを知っていれば、意味が見えてくるのではないでしょうか。enlarge を知らなくても、large（大きい）は分かりますよね。「大きい」に en がつくことで動詞になるので「〜を大きくする」、つまり「〜を拡大する」というのが enlarge の意味です。以下、enrich は「〜を豊かにする（en+rich）」、sharpen は「〜を鋭くする、（鉛筆など）を削る（sharp+en）」、sicken は「〜の気分を悪くさせる（sick+en）」という意味です。

このように、パーツに関する知識があれば、未知の単語であっても、その意味を推測できるようになります。 ほかにも、「反意語」を作る dis-/in-/un-（discontinue〔〜を打ち切る〕／ incorrect〔不正確な〕／ unlock〔〜を解除する〕）、「共に」を意味する co-（coexist〔共存する〕）、「前」を意味する fore-（forehead〔おでこ〕）などは、見かけたことがあるのではないでしょうか。代表的なパーツとその意味は、ぜひ頭に入れておきましょう。

　それでは、どうすればパーツの知識を獲得することができるのか。実は、こうした情報は、辞書に書いてあることが多いのです。特に、大修館書店の『ジーニアス英和辞典』はパーツの説明が詳しくておすすめです。パーツの紹介に特化した書籍もあります。

　それから、**パーツの知識が増えれば、単語を覚えるのが楽になるというメリットもありますよ。** 例えば、「鰹（かつお）」という漢字を覚えるとき、「魚へんに堅」というパーツ単位で考えるように、英単語も「fore+head」のように、パーツごとに捉えられるようになっていきます。そうすると、自然と頭にも入りやすくなっていくのです。

Exercise

次の単語の意味を推測しよう

❶ disconnect ❷ discomfort
❸ disbelief   ❹ disinfect

※ 解答は p. 185

ボキャブラリーの「正しい」増やし方

知らない単語の意味を
推測する方法は？②

2 派生語から推測する

　「派生語」とは、ある単語の名詞形や形容詞形など、同じ「系列」の言葉のこと。これに関する知識も、意味を推測する際に役立ちます。

　intense という単語を例に取りましょう。これは形容詞で「力強い、強力な」という意味。以下に挙げた intense の派生語それぞれの品詞が分かりますか？

Exercise

次の語句の品詞を考えてみよう。

- intensely　- intensity　- intensify

　答えを言うと、左から順番に「副詞」「名詞」「動詞」です。こうしたものは、ある程度英語に慣れた人なら、すぐに分かります。それは、語尾に特徴があるからです。-ly は副詞を作る典型的な語尾だし、-ity や -ify は、それぞれ「名詞」「動詞」を作ります。このよ

うに品詞が分かると、意味も見えてきます。intensely は「強力な」の副詞形なので「強力に」。intensity は名詞形なので「強さ」。intensify は動詞形なので「〜を強める」という意味です。

　こうした品詞をヒントにして意味を考える「推測法」もあります。これも辞書を活用しているうちに徐々に知識が身についてきますよ。さらに、前ページの「パーツ」と同様、派生語を作る語尾などに詳しくなると、単語を覚えるのも楽になってきます。

　それでは、ここまで説明した知識をもとに、下のエクササイズに取り組んでみましょう。

Exercise

次の語句の意味を考えてみよう。

❶ inequality　❷ undeniably　❸ air purifier

　一つずつ意味を推測していきましょう。

❶ inequality という語の真ん中に equal（等しい）という形容詞が見えますね。これの前に反意語を作る in- をつけることで「等しくない」となり、さらに最後に名詞を作る -ity がついて「等しくないこと」。つまり inequality は「不平等」という意味。

❷ undeniably は deny（否定する）が変化したものであることに気づいたでしょうか（この語を知らないと推測はできません）。deny の後ろに「できる」を意味する able がつき、「否定できる」（deny の y が i に変わるなど、つづりが変化することがあるので注意）。deniable に反意語を作る un- がついて「否定できない」。さらに語尾に副詞の -ly がついて「否定のしようがないほ

どに」。つまり undeniably は「明白に、紛れもなく」という意味。

❸ air（空気）のあとの purifier に pure（純粋な、きれいな）が入っているのに気づいたでしょうか。これに動詞を作る -ify がついて「きれいにする」(その際に e が消えます)。そのあとに「〜するもの」を意味する -er（teacher の -er と同じもの）がついて「きれいにするもの」。つまり「空気をきれいにするもの」から、「空気清浄機」の意味だと推測することができます。

Exercise

次の単語の意味を推測しよう。

❶ simplify   ❷ childish
❸ unpreventable   ❹ grammatically

※解答は p. 185

ボキャブラリーの「正しい」増やし方

Q9
知らない単語の意味を 推測する方法は？ その③

3 語の「イメージ」から推測する

前置詞や副詞などが、どんなイメージを持っているかということを把握しておくと、意味の推測に役立ちます。例えば、次の表現をご覧ください。どれも for を含んでいます。

- call for 〜 （〜を求める）
- reach for 〜 （〜を取ろうと手を伸ばす）
- appetite for 〜 （〜への欲求）
- desire for 〜 （〜を求める願望）

前置詞の for はさまざまな意味で使われますが、なかでも上にあるように「〜を求める」というパターンで使われることが多いです（それが欲しくて手を伸ばすイメージ）。これが頭に入っていると、She is always desperate for attention. という文を見たら、「常に attention（注目）を求めて desperate（必死）な状態だから、『彼女は常に注目を浴びたがっている』というような意味ではないかな」と推測することができます。

こうした表現は、be desperate for 〜のような「熟語」を暗記していないと意味が分からないと思っていたかもしれませんが、前置詞などのイメージから意味が見えてくることもあります。あまり「知っている／知らない」にはこだわらず、「分かる／分からない」という観点で捉えるようにすることが大切です。

もう一つ例を挙げましょう。off という副詞は Keep off the grass.（芝生に入らないで）、I fell off the horse.（落馬した）のように、「離れる」イメージを持っている語。これを踏まえて、エクササイズに取り組んでください。

次の文の意味を考えよう。

❶ He tried to bite the meat off the bone.
❷ In the winter I take vitamin C to ward off colds.

それぞれの意味を推測してみましょう。

❶ は bite（噛む）と off the bone（骨から離れて）という情報から、「彼は骨から肉を噛みちぎろうとした」という意味が見えてきます。

❷ で使われている ward off は「〜を回避する」という意味の熟語ですが、これを暗記していなくても「冬には風邪（colds）から離れて○○のためにビタミン C を摂る」と考えれば、「風邪を寄せ付けない」のような意味ではないかと推測できますね。

こうした前置詞や副詞の「イメージ」も、たいていの辞書に掲載されています。推測には、ある程度の慣れが必要。イメージを頭に入れたうえで、たくさんの用例に触れているうちに、徐々にできるようになっていきます。もちろん、単語や表現はしっかり覚えていることが理想ですが、たとえ知らないものが出てきても、慌てずに推測できる力を磨いていきましょう。

Exercise

次の文の意味を考えよう。

❶ A huge mirror was leaning against the wall.
❷ She turned my best friend against me.

※ 解答は p. 186

159

Column 常に変化を続ける英語についていこう

　歴史ある辞書『Oxford』(ウェブ版)は四半期に一度アップデートされますが、その際に新たに加わる語数はどれくらいだと思いますか? 実は、毎回アップデートのたびに 600 ～ 1,400 語程度が加わっています(新語だけでなく、既存の単語に新たな意味が追加される場合なども含む)。言語は決して固定されたものではなく、新たな単語が加わるなどして常に変化しているということを、あらためて実感させられる数字ですね。

　当然ながら、こうした新しいボキャブラリーを押さえておかないと、変化し続ける英語についていけなくなってしまいます。viral という語を例に挙げましょう。これは virus (ウイルス) の形容詞形で「ウイルスの、ウイルス性の」という意味。おそらく 30 年前であれば、この文字通りの意味でしか使わなかったのでしょうが、現在では go viral という形で見かけることが多くなりました。意味は分かりますか? これで「ネット (特に SNS) で拡散する」。おそらくネットでシェアされて広がっていく様子が、ウイルスを連想させたのでしょう。

　英語はコミュニケーションのために学ぶもの。学生時代に単語を覚えてから、その後数十年、頭の中のボキャブラリーがアップデートされていないと、現代人とのコミュニケーションに支障が出てしまいます。頭の中の単語帳を最新のものにするには、最近の海外ドラマや、英字新聞・雑誌の記事などで英語に触れて、新しいボキャブラリーをインプットすることが欠かせません。僕のYouTube チャンネル「ボキャビル・カレッジ」でも、英語の新語を紹介するコーナーがあるので、参考にしてくださいね。

　最後にクイズを出します。これら 4 つは比較的新しい語です。それぞれの意味は何でしょうか?

① freemium　② manspreading
③ i-Hunch　④ butt-dialing

※正解は p. 186

Chapter

8

モチベーションを維持するには

ここまで、英語力アップに必要なことをご紹介してきました。
ただ、当たり前ですが、
これらは続けなければ何の意味もありません。
そこで最後に、英語学習へのモチベーションを維持する
コツについてお伝えしましょう。

Q1

英語学習で
一番大事なことは？

いきなりですが、クイズを出題します。

ある村に不思議な力を持つ女性が住んでいます。
彼女が雨乞いの踊りをすると、必ず雨が降ります。
それはなぜでしょうか？

　正解は「雨が降るまで踊りをやめないから」。踊り続けていれば、いつかは雨が降る。だから、雨乞いが100％成功するというわけです。

　このクイズ自体はただの冗談ですが、英語学習という点で見ると、ある意味核心を突いていると思います。英語などの語学は、やればやっただけ伸びるもの。効率の良い・悪いはあるにせよ、少なくとも後退することはありません。

「英語の習得に失敗した」なんて言う人がいますが、本来は成功・失敗が分かれるようなものではないのです。自分の納得できるレベルに達するまでやり続けたか、途中でやめてしまったかの違いです。雨乞いの踊りのように、**続けていれば誰でも「成功」することができる**ものなのです。

　こう考えると、**英語学習で最も大事なのは「継続」、最大の敵は「あきらめ」**であることが分かるでしょう。本書をお読みの皆さんは、何らかの理由で「英語を身につけるぞ」と心に決めて学習を始めたのだと思いますが、継続するためには、そのモチベーションをいかに維持するかが鍵になります。

　特に、日本で暮らしていると、別に英語ができなくても生活で困ることはほとんどありません。そのため、簡単にあきらめてしまいがちです。そうならないためにも、**モチベーションの維持には、しっかりと意識を向ける必要があります**。今まで挫折を繰り返してきた方は、この意識が希薄であることが多いのです。この機会に、途中であきらめてしまった理由を見直してみましょう。

次ページからはモチベーション維持のための具体的な方法をお伝えしていきますが、その前にエクササイズをやってみましょう。

なぜ英語学習をしているのか、英語を身につけてどうなりたいのか。「目標」を紙に書いてみよう。

　いかかですが？ なにも「同時通訳者になる」のように明確な（そして大きな）目標でなくても構いません。「英語ができるようになって、もう少し仕事の幅を広げたい」や「今よりもっと輝く自分になりたい」のように、やや漠然とした目標でもよいと思います。大切なのは、「絶対に達成したい」と思えるかどうか。こうした目標を持つことがモチベーション維持には重要なので、この機会にあらためて自分の目標について考えてみましょう。

Q2

モチベーションを
維持するコツは？その①

　ここからは、英語学習へのモチベーションを維持するためのコツをいくつかお伝えしていきましょう。

1 目標を常に意識する

　「英語を身につけて、キャリアアップにつなげたい」「海外の人と、もっと円滑にコミュニケーションが取れるようになりたい」など、英語学習を始めたからには、何らかの目標があったはずです。モチベーションが下がってきたら、そうした目標を思い出すことで、やる気が回復します。

　その際に有効なのが、未来の自分を2タイプ想像してみるということ。一つは、目標を達成し、英語力を生かして活躍する「輝いている自分」。

167

もう一つは、これとは逆の「最悪の自分」です。英語学習をずる
ずる先延ばしにして、いつまでも英語力が伸びずに、それを周りの
人間や環境のせいにして愚痴ばかり言っている……。そんな姿を
イメージしてください。そのうえで、**「前者になりたい」という憧れ
と、「後者になりたくない」という危機感を意識することが、結果
的にモチベーションにつながっていく**のです。

❷ 焦らない

　モチベーションが下がってしまう原因の一つに「上達を実感で
きない」ということがあります。確かに、努力しているのに成長を
感じられなければ嫌になりますよね。でも、ここで焦ってはいけま
せん。**英語力は最大限の努力をしても、せいぜいカタツムリくらい
のスピードでしか伸びていかないということを認識しましょう。**

　1～2カ月程度のスパンで見ると、まったく上達している気がし
ないのは無理もないことです。ですが、やればやっただけ伸びるの
が語学というもの。1年前と比べたら、大きく進歩しているはずで
す。焦る気持ちを抑えるには、「やればやっただけ伸びるが、その
実感はすぐには持てない」という語学の特性を知ることが有効で
す。成長を実感するために、定期的に TOEIC® などの試験を受け
てみるのもよいでしょう。

「いつまでたっても英語で表現できないことだらけ。聞き取りもできるようにならないし、知らない単語ばかりで読むのも苦手」。こんな理由で英語習得に挫折した経験をお持ちの方も多いのでは？ これらはまとめると、「『できない』ことが多くて嫌になった」ということ。でも、そうした「できない」ことを「できる」ことに変えていくのが、英語学習の本来の目的のはずです。だから、「できない」ことがあっても焦る必要はありません。一つひとつ「できる」ことに変えていけばいい。そうした柔軟な姿勢で英語と付き合っていきましょう。

Q3
モチベーションを維持するコツは？_{その}②

3 まず行動を起こしてみる

「何だか今日は英語を勉強する気が起きないな」というときにおすすめ。人はモチベーションがあるから行動を起こすと考えがちですが、必ずしもそうではなく、**行動を起こしているうちにモチベーションが上がってくるという側面もあります。**

例えば、こんな経験はありませんか？ 部屋の片付けをしなければならないけれど、どうも億劫だ。でもとりあえず床に落ちている物だけでも拾ってみよう。そう考えて物を拾い始めたら、結果的に整理がはかどって部屋全体を片付けてしまった──。

このように、行動を起こしているうちに、それを継続したくなるような機能が、われわれの脳には備わっているようです。そう考えると、「やる気が出ない、今日はやめちゃおう」と「やる気が出ない、今日は5分ぐらいでいいか」の間には、雲泥の差があることが分かると思います。まずは5分でもいいからやってみる。その一歩を踏み出すことが大切です。

4 自分自身に刺激を与える

たとえやる気があっても、単調な学習をずっと続けていては飽きてしまいますよね。この「飽き」も、モチベーションの維持には大敵です。そのため、定期的に自分自身に「刺激」を与えるとよいでしょう。具体的には、**普段やらないような英語を使った活動に挑戦してみるのがおすすめ**です。

お金と時間が許せば、英語圏の国で1～2週間程度ホームステイをしてみてもよいでしょう。国内でも、スピーチコンテストに出てみる、ボランティアで英語の通訳ガイドをしてみる、などにトライすることができます。

こうした活動は、「身近な目標」としても機能します。例えば「英語のプロになる」のような壮大な夢があっても、最終目標ばかり追いかけていては息切れしてしまいます。それ以外に「3カ月後スピーチコンテストに出る」のような身近な目標を持つことも、やる気の維持には必要なのです。

5 定期的に英語を話す機会を作る

実際に英語を話す機会を作ることは、モチベーションの維持という点でも重要です。**言いたいことが英語で表現できたという喜びも、うまく英語が話せなかったという悔しさも、どちらも「もっと成長したい」という原動力**になっていきます。一人で勉強するのも大切ですが、それだけではこうした感覚を得ることはできません。モチベーションを保つためにも、週に1回は英会話のレッスンに通うなど、積極的に英語を話す機会を作りましょう。

Q4

モチベーションを
維持するコツは？その③

6 英語を楽しむ

　努力はもちろん大切ですが、英語学習が「苦行」になってしまっては、やる気を維持するのが難しくなります。続けるためには、楽しむことが必要。そこで、p. 027 でもおすすめした通り、「英語で楽しむ」時間を作るようにしましょう。

　英語習得に挫折した人に理由を聞くと「勉強したものの、あまり上達せずにあきらめた」といった答えが返ってくることが多いのですが、一方で僕の周りの英語を身につけた人たちの中で「猛勉強して英語を身につけた」と言う人はあまりいません。たいてい**「〇〇が大好きで、これに夢中になっているうちに身についた」**と言います。この「〇〇」を持つことは、英語習得には必須と言っても過言ではないでしょう。

　英語の勉強だけをひたすら続けようと思っても、ほぼ確実に挫折します。そこに「楽しさ」を見いだせなければ続きません。ぜひ、英語で楽しめるものを見つけてください。英語に触れる時間が楽しみになり、結果的に学習意欲も高まりますよ。

ただ、楽しもうと思っても、そこに立ちはだかるのが「レベルの壁」。例えば、ゴルフでも本当に楽しくなってくるのは、狙ったところにある程度ボールを打てるぐらいまで上達したあとではないでしょうか。ボールに当てるのも一苦労である初心者がコースに出ても、面白さは分からないでしょう。

　英語も同じです。表現力が伸びてくれば会話することの面白さを感じることができるし、理解力のアップに伴って海外ドラマや小説など、使える素材の幅も広がります。そうなれば英語を楽しむことも可能なのですが、初心者のうちは、そんな余裕などない場合がほとんどでしょう。

　英語で会話しようとしても、言いたいことが表現できず、相手の話も聞き取れなくて英語が嫌になってしまった方もいるかもしれませんね。でも、英語圏の小中学生を対象とした小説がある程度読めたり、海外ドラマが半分くらい理解できるくらいの力がついたら、英語は必ず楽しくなります。そこに至るまで、あきらめずに続けていきましょう。

さて、ここまでモチベーションを維持するための方法についてお伝えしてきました。最後に、この言葉を皆さんに贈りましょう。

A river cuts through a rock, not because of its power, but because of its persistence.
—Jim Watkins

川が岩を削るのは、流れる power（力）が強いからではなく、persistence（粘り強さ）によってです。粘り強く流れ続けることで、岩のように硬いものも削ってしまうのです。

英語の習得にも特別な power は必要ありません。粘り強く取り組めば、必ず身につけることができます。この言葉が、皆さんのモチベーション維持の一助となれば幸いです。

僕はどうやってモチベーションを維持したか

　僕が本格的に英語学習を開始したのは、就職活動が始まる大学3年生のときでした。当時は「就職超超氷河期」（前年が「超氷河期」で、それよりさらに厳しいという意味で「超」を1つ足したのでしょう）と言われるほど就職難の時代。特別なスキルがなかった僕は、「このままではいけない。昔から得意科目だった英語を武器にしてみよう」と一念発起して学習を開始したのでした。今思えば、「英語をモノにできなければ就職できない」、加えて「自分は特技が何一つない人間になってしまう」という焦りがあったことで、結果的にモチベーションを維持できたのでしょうね。

　ほかにも、僕にとってやる気の維持に役立ったのは「習慣化」と「成長の過程を楽しむ」という2点。最初のうちは辛くても、英語に触れる時間・英語を使う時間を毎日確保していくと、そのうちに自分にとって、歯磨きと同じような習慣になっていきました。そうなると、学習も苦にならなくなりましたね。

　それから、自分が成長していく過程を楽しんでいました。ちょうどRPGで経験値を積みながら「自キャラ」を育てるような感覚です。少しずつできることが増えていくのに喜びを感じるようになると、無理なく続けることができます。スポーツや音楽では、あるレベルより上達しようと思ったら、生まれつきの才能が大きく関わってきますが、語学にはそれがありません。続けていれば誰でも身につけることが可能なので、ある意味、成長の喜びを最も感じやすい分野ではないでしょうか。

　さらに、「言葉への興味」が人一倍強いのも大きかったと思います。それこそ、「人一倍」は、なぜ「二倍」ではなく「一倍」なのかということを考えたりすることが好きなので、新たな言語を学ぶことは単純に楽しかったですね（「ひと財産」のように、「一」自体に「それなりの量」という意味があるようです）。

　どうすればやる気を維持できるかは人それぞれなので、何がベストな方法かは一概に言えません。僕の方法が、少しでも皆さんの参考になれば、うれしい限りです。

あとがき

　本書では、英語習得に必要なことをお伝えしてきました。「英文の多読・音読をし、音声を聞いて速読力を高める」「英語音声をスマホなどに入れて繰り返し聞くことで、頭に定着させる」「独り言も含めて英語を話す時間をしっかり確保する」「文法は早いうちに理解する。理解したら、例文を音読するなどして、自分でも使いこなせる状態を目指す」「オリジナルの単語帳を作りながら、ボキャブラリーを増やしていく」など、多くの気づきがあったのではないかと思います。

　「結構やることが多いな」と思われた方もいるでしょうが、日本にいながら英語を身につけようと思ったら、このぐらいのことは、こなさなければなりません。僕が本書を書くうえで心がけたのが「うそはつかない」ということ。「1日5分○○するだけで、英語がペラペラに！」のように、楽に見える学習法を示せば喜ばれるのでしょうが、それは一言で言えばうそです。うそを信じて気分だけ楽になっても意味がありません。本当に効果の出る学習法を伝えることで、確実に読者の皆さんに英語を習得してもらいたいという思いで執筆しました。

　さて、「はじめに」で書いた通り、タイトルの「最後」という言葉にはもう一つの意味があります。それは「学習法で悩むのは最後にしてほしい」ということ。ノウハウとは地図のようなものです。目的地に到達するために地図は必須ですが、地図を手に入れたら、あとは歩き続けなくてはなりません。英語は実践こそが命。本書でノウハウを理解したら、明日からさっそく目標に向けて歩みを始めてください。

高橋敏之

> 一生モノの英語力を身につけるための

おすすめ教材

ここでは、本書で紹介した学習法を
実践するときに使える、
おすすめの英語学習教材をご紹介します。

リーディング教材

英文解釈教室 入門編
伊藤和夫（研究社）
対象レベル：TOEIC® 300 〜 500 点くらい

　p. 044 で英文を理解する力が不足している方には、「多読」の前に「精読」の訓練から始めることをおすすめしました。この段階で大事なのは、英文をじっくり読んで、きちんと理解できる力をつけることです。そのためには、そもそも英文とはどういう構造でできているのかを知る必要があります。

　そうした構造（「読むための英文法」と言い換えてもよいでしょう）を基礎から学べるのが、この『英文解釈教室 入門編』です。英文読解の古典的名著『英文解釈教室』の入門版で、本家の『英文解釈教室』はかなりハイレベルですが、この『入門編』は「自動詞・他動詞の違い」「形容詞・副詞の見分け方」といった、英文の構造を捉えるのに必要な知識を基礎から身につけることができます。大学入試を目指す高校生を対象としていますが、大人が読んでも学ぶことは多いですよ。

The Japan Times Alpha
（ジャパンタイムズ）
対象レベル：TOEIC® 550 ～ 860 点

　手前みそで恐縮です。僕が編集長を務める週刊英字新聞『The Japan Times Alpha』です。こちらは最新のニュース記事を読んで学習する多読用の教材ですが、精読の訓練にも役立つよう、ウェブサイトで「編集長の英文読解術」というコンテンツを公開しています（購読者のみアクセス可能）。

　これは、毎号の Alpha のトップニュースを題材にした英語リーディング講座で、僕が執筆しています。「文構造を捉える力」「各語句の文中での意味・使い方の知識」の2つを身につけて、英文を速く正確に読めるスキルを伸ばすことを意図しています。ご興味がありましたら、ぜひサイトをのぞいてみてください。

Cambridge English Readers シリーズ
（Cambridge University Press）
対象レベル：初級から上級まで全7レベル

　Cambridge English Readers は、学習者向けにレベル分けされた、90 タイトル以上におよぶ英語のオリジナル小説シリーズです。自分に合ったレベルを選ぶことができ、普通のペーパーバックより薄いので、「いきなり分厚い洋書を読むのには抵抗がある」という人におすすめ。1冊丸ごとイギリス英語で読み上げた音声を無料でダウンロードできますから、イギリス英語のリスニング教材としても活用することができます（一部アメリカ英語もあり）。

　Oxford University Press も同様の Readers シリーズを出版していますが、こちらは古典作品やノンフィクションのラインナップが豊富です。それに対し、Cambridge の作品はほとんどが現代社会を舞台にした小説ですので、好みで選べばよいでしょう。

英単語・熟語ダイアローグ 1800
秋葉利治、森秀夫（旺文社）
対象レベル：TOEIC® 500 点〜

p. 055 で説明したように、会話力を伸ばそうと思ったら、まずは会話に触れることが大切。そのためには、ダイアローグ教材を活用するのが近道です。数あるダイアローグ教材の中からおすすめしたいのが、こちら。一番のポイントは、何と言ってもボリュームの多さです。全部で 108 本ものダイアローグが収録されていますので、しばらく新しい教材を買わずにすみそうです。

付属の音声 CD では、アメリカ・イギリス・カナダ・オーストラリアの 4 カ国のナレーターが読み上げており、各国のアクセントに慣れることができるのもうれしいポイントです。書店で見て、掲載されている会話が難しすぎると感じるなら、もう少し簡単な教材を選びましょう。同じシリーズで Basic 版もあります。

English the American Way:
A Fun ESL Guide to Language and
Culture in the U.S.
Sheila Mackechnie Murtha and Jane Airey O'connor
(Research & Education Association)
対象レベル：TOEIC® 650 点〜

アメリカの出版社が出している教材のため、すべて英語で書かれています。収録されている会話のレベルは上記の『英単語・熟語ダイアローグ 1800』とそれほど変わりませんが、日本語が一切ない分、対象レベルを上げました。ただ、会話中の重要語句を分かりやすい（そしてカジュアルな）英語で言い換えて説明しているので、日本語訳がなくても

理解するのにそれほど苦労しないでしょう。英語のことを英語で考える良い訓練にもなります。

『ダイアローグ1800』を終えたら、こちらを使ってみてはいかがでしょうか。特に、イマドキのアメリカ英語を勉強したいという方にはおすすめです。

単語の「パーツ」教材

英単語の語源図鑑
清水建二、すずきひろし（かんき出版）
対象レベル：全レベル

p.151では、単語の「パーツ」から意味を推測する方法についてお伝えしましたね。こうしたパーツの知識を体系的に学ぶことができるのが、この『英単語の語源図鑑』。ベストセラーになったので、ご存じの方も多いことでしょう。projectやrejectという語の「pro-」「re-」「-ject」というパーツは、それぞれどんな意味を表すのか。こうした知識を持つことで、未知語の推測力が身につくだけでなく、新規の単語を覚えるのも楽になってきますよ。

ルーツワード まったく新しい英単語習得法 カタカナ語活用術
渡邉洋之（径書房）
対象レベル：全レベル

上で取り上げた『英単語の語源図鑑』ほど有名ではありませんが、主旨はほとんど同じ本です。こちらは、日本人にもなじみのあるカタカナ語（「トランシーバー」「マニキュア」など）を出発点にして、単語のパーツ（著者は「ルーツワード」と呼んでいます）を紹介しています。

オドロキモモノキ英語発音
子音がキマればうまくいく
藤澤慶已（ジャパンタイムズ出版）
対象レベル：全レベル

　本書では紙幅の関係で、発音については詳しく説明できませんでした。ネイティブと同じレベルの発音ができるようになる必要はないものの、通じる英語を話せるようになるためには、英語の発音の「ツボ」を押さえていなくてはいけません。そのためには、発音に特化した教材を利用するのが最も手っ取り早いでしょう。

　そうした「ツボ」を身につけることができるのが、この本です。特に日本人が苦手な「子音」に焦点を当て、「日本語ネイティブと英語ネイティブの発音を比べる」「発音のコツをつかむ」「練習する」の 3 ステップで、英語らしい発音が身についてきます。これを読んだうえで、音読やシャドーイングの練習をすると、さらに効果が高まりますよ。

※ご紹介した教材の情報は、2020 年 3 月現在のものです。

解答ページ

p. 038 ▶ Exercise 解答

🔊 audio 3

① chaos (カオス)　　　　② virus (ウイルス)
③ sweater (セーター)　　④ allergy (アレルギー)
⑤ theme (テーマ)

すべて日本語でも使われる言葉ですが、あらためて音声を聞いて、日本語との発音の違いを確認しましょう。

---

p. 062 ▶ Exercise 解答例

tell a lie (うそをつく)　　　　detect a lie (うそを見破る)
make up a lie (うそをでっちあげる)
a big fat lie (大うそ)　　　　an obvious lie (見え透いたうそ)
an absolute lie (真っ赤なうそ)　　a white lie (悪気のないうそ)　など

---

p. 064 ▶ Exercise 解答例

I decided to take the job offer.
私はその仕事のオファーを受けることにした。

Do you take American Express?
アメリカンエクスプレスは使えますか?

Don't take it too seriously.
そのことをそんなに深刻に捉えるなよ。

The nurse took his temperature.
看護師は彼の体温を測った。

Someone took my money!
誰かが私のお金を盗んだ!

The plane is about to take off.
間もなく飛行機は離陸する。

This bed takes up a lot of space in the room.
このベッドは部屋の中でかなり場所をとる。

Sorry, I take it back.
ごめん、それは撤回するよ。　など

182

p. 085 ▸ Exercise 解答例　🔊 audio 5

1. I like dolphins because they are very smart animals.
2. I like coffee because it helps me wake up in the morning.
3. I like Hawaii because it offers so many opportunities to enjoy outdoor activities.

----

p. 087 ▸ Exercise 解答例　🔊 audio 6

In the morning I called the dentist to make an appointment.
朝、歯科医に電話して予約を入れた。

One of my colleagues told me she got engaged.
同僚の一人が婚約したと私に報告した。

After work I went to the dry cleaners to pick up my coat.
仕事のあと、クリーニング店にコートを引き取りに行った。

----

p. 088 ▸ Exercise 解答例　🔊 audio 7

This is a picture that I took at my best friend's wedding two years ago. She looked so beautiful in her white wedding dress. Right after I took this photo, her dad stood up and gave a speech. It was so emotional that I started to cry.
これは 2 年前に親友の結婚式で撮影した写真です。彼女は白いウェディングドレスを着て、とてもきれいでした。この写真を撮った直後に、彼女のお父さんが立ち上がってスピーチをしました。とても感動的なスピーチで、私は泣き出してしまいました。

----

p. 124 ▸ Exercise 解答例

1. If I <u>had</u> known you were coming, I <u>would have</u> brought more pizza.
   君が来るって知っていたら、もっとピザを持ってきたのに。

2. <u>It's been</u> 40 <u>years since</u> John Lennon was murdered in New York.
   ジョン・レノンがニューヨークで殺害されてから 40 年になる。

3. <u>When</u> we got there, they <u>had already</u> eaten dinner.

私たちがそこに着くころには、彼らはすでに夕食を食べ終えていた。

---

p. 135 ▸ Exercise のそのほかの解答例

He resigned **amid** harassment claims.

ハラスメントの申し立てを受けている中、彼は辞任した。

The Spring Grand Sumo Tournament began March 8 without spectators **amid** coronavirus fears.

コロナウイルスへの警戒の中、大相撲春場所は3月8日、無観客の状態で開幕した。

---

p. 145 ▸ Exercise 解答例

guilty	形 ①有罪の ②罪の意識がある、やましい having done something that is a crime ☞ guilt 名 罪、罪悪感 ↔ innocent 形 無罪の（= not guilty） ◆ plead guilty（有罪を認める）
plaintiff	名 原告 someone who sues another person ↔ defendant 名 被告
jury	名 陪審員団 a group of people who judge a court case ☞ juror 名（1人の）陪審員 ◆ The jury has reached a verdict. （陪審員たちは評決を出した）
witness	名 目撃者、証人 動 〜を目撃する someone who sees a crime or accident ◆ a witness to a murder（殺人事件の目撃者）

① **disconnect**：〜との接続を切る、連絡を断つ

dis- は「反対」の意味を表すパーツ。connect（〜につなぐ）の前についているの
で、その逆の「〜との接続を切る、連絡を断つ」という意味になります。

② **discomfort**：不快

comfort（快適）に dis- がついているので「不快」。

③ **disbelief**：不信

belief（信じること）に dis- がついているので「不信」。

④ **disinfect**：〜を殺菌消毒する

infect は「（病気が）伝染する」「（病毒で）汚す、汚染する」という意味。dis- がつ
くとこの反対で「〜を殺菌消毒する」という意味になります。

----

p. 156 ▸ Exercise 解答

① **simplify**：〜を単純化する

simple（単純な、簡単な）のファミリーだということは明白だと思います。-ify は
動詞を作る語尾でしたね。「単純な」が動詞になるので「〜を単純化する」という
意味です。

② **childish**：子供っぽい、大人げない

fool（愚か者）／ foolish（愚かな）のように、-ish は形容詞を作る語尾。child
の形容詞ですから「子供っぽい」という意味になります。

③ **unpreventable**：回避不可能な

prevent（〜を防ぐ）が真ん中にあります。語尾の -able は「できる」という意味の
形容詞を作る語尾。さらに、先頭に「反対」の un- があるので「防げない」⇒「回
避不可能な」という意味になります。

④ **grammatically**：文法的に

grammar（文法）が見えましたか？ magic（魔法）／ magical（魔法の）のよ
うに、語尾の -al は主に形容詞につく語尾です。grammatical は「文法の、文
法的な」。この後ろに副詞を作る -ly があるので、「文法的に」という意味です。
grammatically correct（文法的に正しい）のように使います。

p. 159 ▸ Exercise 解答

① A huge mirror was leaning **against** the wall.

大きな鏡が壁に立てかけてあった。

② She turned my best friend **against** me.

彼女は、私の親友が私に敵対するように仕向けた。

fight against the enemy（敵と戦う）、be against the law（法律に反している）、swim against the current（流れに逆らって泳ぐ）など、against は「相対している」というイメージを持つ前置詞です。

①は lean（傾く、もたれる）という動詞を知らなくても、「大きな鏡が壁に対して lean していた」と考えれば意味が見えたのではないでしょうか。
②の turn は「〜の方向を変える」という意味の動詞。「私の親友を、私に相対するように変えた」と考えれば、「敵対するように仕向けた」という意味を推測することができます。

----

p. 160 ▸ クイズの正解

① **freemium**：(アプリなどを) 最初は無償で提供し、その後、追加コンテンツを有料で販売する手法（free+premium）

② **manspreading**：電車で脚を広げて座る迷惑行為

③ **i-Hunch**：スマホなどの使い過ぎで猫背になった状態

④ **butt-dialing**：お尻（butt）のポケットに入れたスマホで誤発信してしまうこと

p. 040 で紹介したネイティブスピーカーの発話スピードを体感するためのエクササイズ用英文です。1分以内の読解にチャレンジしてみましょう。

① 　　　　　　　　　　　　　　　　　　　　🔊 audio 9

[語句注]　inaugural：初開催の　　　　urgency：緊急性
　　　　　marked：〜を記念した　　　　staged：〜を実施した
　　　　　Roughly：およそ　　　　　　took to the streets：街へと繰り出した

Leaders of Japan's youth climate movement gathered in
Tokyo over the weekend to attend the inaugural Climate
Crisis Youth Summit.
The three-day event brought together more than 80 young
climate activists. "Of course we want more people to take
part in marches and understand the urgency of the climate
crisis," said Saori Iwano, 16, a member of Fridays For
Future Tokyo. "But what's more important is that everyone
questions why climate change isn't talked about in Japan."
The weekend's summit marked one year since members of
the group first staged a demonstration in front of the Diet
building, in February 2019. Around 10 protestors showed up
for the demonstration. "Nobody was paying attention to us
at first," said Hanae Takahashi, 26.
Less than a month later, about 200 people attended a march
in Shibuya. Roughly 250 took part in a protest in May and,
in September, more than 2,800 took to the streets of Tokyo
during the Global Climate Strike.　　　　　[160 words]

出典：The Japan Times

②

🔊 audio 10

[語句注]　were amputated：切断された　　birth defect：先天異常
　　　　　overcame：〜を乗り越えた　　prosthetics：人工装具
　　　　　off the track：競技場の外で　　intruder：侵入者

The story of South African athlete Oscar Pistorius is
fascinating. He was a role model for millions but then threw
it all away in a moment of violence.

Pistorius's legs were amputated below the knee when
he was just 11 months old because of a birth defect. He
overcame the handicap to become a hugely successful para
athlete. The media loved him, even giving him a nickname
— Blade Runner, after the prosthetics that helped him win
six golds in three Paralympic Games in the 100-meter, 200-
meter and 400-meter track events.

And he found happiness off the track, too, dating model
Reeva Steenkamp and signing millions in sponsorship
deals. He was South Africa's golden boy.

But then, on Valentine's Day 2013, he killed 29-year-old
Steenkamp. She was in the toilet of his home in Pretoria
when he shot her four times through the door. Pistorius
admitted shooting her, but said he thought she was an
intruder.

[159 words]

出典：The Japan Times Alpha

読者アンケートのご案内

〜ご感想・ご意見をお待ちしております〜

ジャパンタイムズ出版のコーポレートサイトが新しくなりました。
本書のご感想・ご意見をぜひお寄せください。

■ アンケート URL
https://jtpublishing.co.jp/contact/comment/

本ページで読者の声を紹介いたします。
掲載された方には QUO カード Pay 500 円分をプレゼント！

Present!

the japan times *alpha*

ニュースで身につく、
世界の視点と英語力

毎週金曜日発行
タブロイド判 24-32 ページ
価格（税込み）：1ヵ月 1,250 円（1部 320 円）

The Japan Times Alpha が選ばれる理由

1
ニュースを読んで
英語を学ぶ

時事トピックスを、英語
表現と同時にインプット。
日本や世界で今起きて
いること、旬の話題を
英語で語れる力が身に
つきます。

2
常に持ち歩いて、
スキマ時間を活用。

コンパクトなタブロイ
ド判だから、いつもカ
バンに。通勤通学時間
など、スキマ時間を活
用して学習を進められ
ます。

3
自分のペースで
読み進められる。

毎週届いて、一週間で
読むのにちょうどいい量。
自分のペースで、興味の
あるところから読み進
めれば OK です。

お得な 10% 引き定期購読はこちら

（Fujisan マガジンサービス）　　http://jtimes.jp/alphabooks

お問合せはこちらから　　https://alpha.japantimes.co.jp/contact/

Alpha Onlineは
こちら

Alpha Online

いつでもどこでも、スキマ時間を有効活用。
新聞と連動したWebコンテンツで学習効果がさらに高まります。

ネイティブ音声で聞いて理解度までチェック！
「リスニング＆インプット」

最新記事のリスニング音声と確認問題をセットでご
用意。一定のスピードで耳から理解する訓練は、会
話力アップにも繋がります。

英文記事の全訳や、バックナンバーも読める

紙面と同様、難しい単語には語注がついています。
また英文だけで十分に理解ができなかったときは、
Webサイトで全訳がチェックできます。

英文がどんどん読めるようになるための、
語彙力や読解力をつける

ニュースで頻出の英単語集や、編集長による英文記
事の読解術講座など、リーディング力UPにつながる
コンテンツも充実。

※上記コンテンツは購読者のみがご利用になれます。

著者紹介

高橋 敏之 (Toshiyuki Takahashi)

英語学習者向けの週刊英字新聞『The Japan Times Alpha』編集長。慶應義塾大学卒業後、大学入試予備校英語講師、英語教材編集者を経て、2007 年にジャパンタイムズ入社。『週刊 ST』(Alpha の前身) 編集部所属となり、国際ニュースページや英語学習コラムの執筆等を担当。2012 年より現職。本職の傍ら、企業・大学等での英語研修や講演も多数実施。特に、読者の英語力を高めることを日々追求する中で、自ら編み出した数々の英語学習メソッドを伝えることをライフワークにしている。趣味は映画、読書、野球・プロレス観戦、超常現象の研究、ジャングル探検など。TOEIC® 990 点、英検® 1 級、動物検定 3 級。

重要ボキャブラリーをじっくり掘り下げて解説する動画講座「ボキャビル・カレッジ」を YouTube で公開中。

英語 最後の学習法
英字新聞編集長が明かす「確実に効果の出る」メソッド

2020 年 4 月 20 日 初版発行

著　者	高橋 敏之　© Toshiyuki Takahashi, 2020
発行者	伊藤 秀樹
発行所	株式会社 ジャパンタイムズ出版
	〒 102-0082
	東京都千代田区一番町 2-2 一番町第二 TG ビル 2F
	電話　050-3646-9500 [出版営業部]
	ウェブサイト　https://jtpublishing.co.jp/
印刷所	株式会社 光邦

本書の内容に関するお問い合わせは、上記ウェブサイトまたは郵便でお受けいたします。
定価はカバーに表示してあります。
万一、乱丁落丁のある場合は、送料当社負担でお取り替えいたします。
㈱ジャパンタイムズ出版・出版営業部あてにお送りください。

Printed in Japan　ISBN978-4-7890-1753-4